专题文明史译丛
Themes in World History

丛书主编：苏智良　陈 恒

世界历史上的西方文明

〔美〕彼得·N. 斯特恩斯（Peter N. Stearns）著

李 月 译

商务印书馆
SINCE 1897　The Commercial Press

Western Civilization in World History

Peter N. Stearns

上海市内涵建设文科师范一流学科项目

上海高校一流学科(B类)建设计划上海师范大学世界史规划项目

教育部人文社科重点研究基地都市文化研究中心规划项目

译丛序言

　　人类文明史既有宏大叙事，也充满了生动细节；既见证着民族国家的兴盛与衰败，也反映了英雄个人的梦想和血泪。事实上，真正决定文明发展的基本要素，是那些恒常存在的日常生活方式、社会习俗和文化心理等，它波澜不惊却暗流涌动，彼此关联而又催生变化，并裹挟一切外部因素，使之转变成自身发展和变化的动力。因此，那些关乎全球文明发展和彼此共生性因素，无一不成为研究的对象，无一不成为大众阅读的焦点。生态、交往、和平、安全、人口、疾病、食品、能源、犯罪等问题，凡此种种，既是不同信仰、不同制度和不同文化的文明发展需要直面的，又是它们之间彼此交流、进行合作乃至相互促进的基础。在这种文明史的叙述中，阶段性的政治内容相对淡化，长时段文明形态发展的基础——文化和社会生活得以凸显。文明史的目的是介绍、传播人类文明、文化知识与价值观念，更重要的是读者可以通过文明史的阅读明了人类尊严获得的历史，从而塑造自己的生活理念。

　　在全球化的当下，中国在世界上的地位不断提高，与世界各国往来日益密切，这一方面需要我们阅读文明史以更真实、更全面、更深入地了解域外历史文化、价值观念；另一方面，文明史也可以培育人们更加开阔的思维、更加完善的人格。多读文明史，不仅能让人们认识到文明的多样性、复杂性，使人们能以兼容并包的思维看待世界和人生，而且可以从历史发展的多变中汲取有益的智慧，训练理性思考的能力。

　　在文化多元交融的全球化时代，了解、掌握人类文明知识和理念是当代国人应该补上的一课。因此,学术研究不能仅仅局限于象牙塔,虽然这很重要,但更重要的是要让这些知识形态转变为普通民众也能接受的大众文化。况且,普及大众文化,才能不断出现更多的人才参与研究工作,文化也才能不断推陈出新,才能不断出现更丰富的精英文化。这是一个相互依存,循环发展的过程,缺一不可。

主编过"中国历史小丛书"、"外国历史小丛书"的历史学家吴晗先生曾说,"小册子并不比大部头好写",可见从写作角度来看,浅显易懂的著述并不比那些高头讲章好写。大众阅读是要用较少的时间又能快速获得相关知识,因此叙述不但简明,更要生动,要有历史细节,有重大事件和重要人物的故事点,可见这样的书并不好处理。

第一,大众作品的通俗读物虽然结构简单,但要真正做到"大事不能漏,小事不能错",达到"悦"读的境界,并不容易。没有受过专业训练,没有宏观视野,没有承上启下的问题意识是难以做到合理选择题材,善于取舍材料,有的放矢的。

第二,真正受大众欢迎的作品必定是能反映当下社会现实的作品,能在读者心目中引起共鸣。纵观古今中外,凡是历史上畅销的、能流传下来的作品,哪部不是切合时代的需求的?从希罗多德的《历史》,司马迁的《史记》,到汤因比的《历史研究》、柯林伍德的《历史的观念》,哪部不是适应时代潮流产生的?再看看目前市面上流行的易中天、钱文忠、于丹的作品,虽然批评的声音不绝于耳,至少让很多民众在一定程度上认知了历史与文化。

第三,历史学家笔下的作品是要从史料中发现故事,而非小说家、历史小说家笔下的故事。这就需要作者有很好的职业训练,不但对史料了如指掌,而且要善于从新的角度去编排、去解释、去阐发。当然历史学家在写作过程中也要发挥想象,但这种想象是以材料为基础,而非小说家的以生活为基础的想象。美国学者海登·怀特认为历史编纂是诗化性质的,历史学与自然科学是根本不同的,因此就其基本特征而言,史学不是科学而是艺术创作,所以叙事对史学来说是必不可少的。问题在于我们在公众"悦"读方面如何叙事。

第四,相对来说,"悦"读作品讲究的是艺术性、启蒙性、可读性,而非学术著作侧重的学术性、知识性、思想性。历史学家讲究的是"句句有出处,字字有来历",因此学术性与可读性之间的矛盾是永远存在的,避免不了的,讲究可读性难免让学术含量下降,侧重学术性难免会失去趣味性。但这种矛盾并不是不可调和的,只要用心,不断探索,是能做到深入浅出的。大家写小书的时代真的逝去了吗?前辈著名学者如王力、朱光潜、竺可桢等,都撰写了很多脍炙人口的小书,这是那个时代的要求与需要。

第五,"悦"读作品选题不能墨守成规,要能反映学术界的研究方向、趋势与趣味。20世纪史学最突出的成就是新史学的发达。在新文化史家看来,"文化"并不是一种被动的因素,文化既不是社会或经济的产物,也不是脱离社会诸因素独立发展的,文化与社会、经济、政治等因素之间的关系是互动的;个人是历史的主体,而非客体,他们至少在日常生活或长时段里影响历史的发展;研究历史的角度发生了变化,新文化史家不追求"大历史"(自上而下看历史)的抱负,而是注重"小历史"(自下而上看历史)的意义,即历史研究从社会角度的文化史学转向文化角度的社会史学。牛津大学出版社与劳特利奇出版社在这方面做得比较好,出版过不少好书。如前者出版的"牛津通识"系列,就是比较典型的大家小书,无论是选题还是作者的遴选都堪称一流;后者的选题意识尤为突出,出版了诸如《世界历史上的食物》《世界历史上的疾病》《世界历史上的移民》《世界历史上的消费》《世界历史上的全球化》等让人叫好的作品,诚如该丛书主编所说:"本丛书专注于在世界历史背景下考察一系列人类历程和制度,其目的就是严肃认真(即便很简单)地讨论一些重要议题,以作为教科书和文献集的补充。相比教科书,这类书籍可使学生更深入地探索到人类历史的某一特殊层面,并在此过程中使他们对历史学家的分析方式及其对一些问题的讨论有更全面的认识。每一议题都是按时间顺序被论述的,这就使关于变化和延续性的讨论成为可能。每个议题也都是在一系列不同的社会和地区范围内被评估的,这也使相关的异同比较成为可能"。可见文明史因其能唤起大众的"悦"读兴趣而在世界各地有着广泛的市场。

不过当下公众"悦"读中存在冷热不均的现象。中国历史热,世界历史冷。从火爆的"百家讲坛",到各类"戏说"历史的电视剧,无论是贺岁大片,还是各种图书排行,雄踞榜首的基本是中国历史题材作品。有关域外历史题材的很少,一方面说明我们对域外理解得不够多,另一方面说明我们潜意识里存在中国中心主义,什么都以中国为中心。

高手在民间,公众"悦"读作品也不例外。当下流行的畅销作品的作者基本属于所谓民间写手、草根写手,这些作者难免从"戏说"的角度出发,传播一些非历史的知识文化,值得我们警惕。学者应积极担当,做大家小书的事,这是必需,更是责任。

投资大师罗杰斯给女儿的十二条箴言,其中第六条就是"学习历史"。可见阅读历史获得的不仅仅是知识文化、经验教训,更重要的是让民众明白:人类历史实际上是一部人类尊严获得史。一书一世界,书中自有每位读者的世界。

本丛书为上海市地方本科院校"十二五"内涵建设文科师范一流学科项目,是上海高校一流学科(B类)建设计划上海师范大学世界史规划项目的成果,教育部人文社科重点研究基地都市文化研究中心规划项目。

编者

2013 年 1 月

致 谢

许多人都为本书作出了贡献,首先是与我同为历史学家的父亲,然后还有一批教师和同事。尤为需要感谢的是维罗尼卡·弗莱彻(Veronica Fletcher),她对我的研究给予了协助,还要感谢劳伦斯·比伯(Lawrence Beaber)和德斯皮娜·达诺斯(Despina Danos)提供的其他资料帮助。卡帕拉·西蒙斯(Kaparah Simmons)协助我整理了手稿。此外,我还要感谢劳特利奇出版社以及丛书主编维姬·彼得斯(Vicky Peters)的引导与支持。

目 录

第一章

导言：为什么选择西方文明课程？

本书旨在探讨西方文明以及如何在世界史视野下去审视西方文明（Western Civilization）的问题。在过去 15 年里，围绕"是教授西方文明课程（Western Civ），还是教授世界史这一全新科目"的问题，美国教育工作者们展开了激烈争论，有时，公众也参与其中。时至今日，这种争论仍在持续。至于争论细节，我们在此可作一简略概括。争论双方遵循着"非此即彼"的典型争论模式：争论者要么陶醉于西方文明的独特魅力，要么沉湎于世界史的广阔视野，没有人介乎之间。相应的，在西方文明课上，我们没有资料帮助学生理解世界史的整体框架或世界史中某一时期的历史，尤其是西方文明。本书即试图解决这一问题，通过一些必要的分析审视世界史视野下的西方文明。

我不认为此书可结束争论。毫无疑问，在事实的数量和本质方面以及解释方式等关键层面，我们不得不在西方文明和世界历史进程之间作出选择。有些人认为，西方文明课程是一独特的体系，它应该被保护起来，远离其他文明的"恶劣影响"，这些人永远不会对西方文明课程与世界史课程的融合感到满意。而那些以贬低和攻击西方为己任的世界史家或也不会妥协，不过坦白地说，这种麻烦要少得多，因为这种观念并不被广泛认可，至少在美国是这样。

在联结西方文明和世界历史这两个科目的问题上，我们可以比过去做得更好，本篇的写作也是以此为前提。而且，还有第二个前提：无论是在世界史情境下,还是在更一般的情境下,我们在探讨西方文明课程过程中存在许多问题,问题之一便是许多展现西方文明的重要事件没有被清晰地表现出来。对于西方文明课程,相对于分析,我们所做的更多只是假设。而本书也将试图粗略地解决这一问题,虽然有些轻率,但我将迎接这一挑战。

本章主要解决当前教育争论的问题——他们在争吵些什么,为什么争论双方都那么充满激情。接着,在第二章,我们将关注西方文明课程简史,这是美国许多大学和一些高中讨论了一个世纪的议题。它不仅能使我们进一步认识到,为什么人们会对西方文明课程如此迷恋,而且能使我们理解,为什么西方文明课程的一些关键事件经常被忽略。之后的章节将转入在世界史视野下解析西方文明,不是展示大量教科书中的历史事实(这些历史事实我们已经在考察西方文明课程过程中,甚至在许多世界史教科书中展示过了),而是在将西方文明视为历史主体时,强调什么是需要被思考和讨论的。

最近一次激烈争论发生在 1994 年秋季,当时的一个历史学家委员会(国家招募,用于在学科建设中界定初中教学标准的组织)发布了厚厚一本界定世界史教学标准的书。美国史教学标准紧随其后发布。这两项成果引发了一场抗议风暴。可以想象,美国史教学标准是导火索,因为它忽视了大量英雄事迹,转而叙述不为人熟知的人物。同时,世界史教学标准也广受谴责,许多守旧的评论者认为它偏离了"侧重叙述西方成就和划时代事件"的传统。出于某些理由,这一世界史标准不仅被看成对西方不够重视,而且被认为倾向于对其他文明传统给予中性,甚至肯定的评价。同时,它还批判性地探讨了西方文明诸如种族主义、西方在近代早期奴隶贸易中处于领导地位等缺陷。美国参议院以 99:1 的悬殊投票否决了这些标准。投票主要针对美国史标准,不过参议院规定,任何接受联邦资助的人"应当尊重西方文明的贡献",这就扩大了投票决议的适用范围。虽然决议没有法律效力,但正如一个观察员所说,其对历史教育的潜在效果是极好的。

正如我们之后要继续讨论的,事情远未结束。它发生在国会保守党最混乱的时候,显得有些不合时宜,就在这些标准被提交国会数日之后,议员纽特·金里奇（Newt Gingrich）就发起了"美国运动"。但它表明，在美国史领域之外的价值观上，广大历史教育工作者与更广大的公众存在巨大分歧。

争论仍在持续。在国家标准确立之后，许多国家都引入了它们自己的历史和社会研究标准，同时，许多标准都适用于"世界史"范畴。实质上，他们认为，学生们应以学习西方历史为主。许多大学保守的董事或委员认为，有必要将西方文明课程定为大学基础课，他们把这作为他们任务的一部分。有一次，我个人也牵涉其中，一个盲目跟风的董事会强迫教师教授西方文明，不过，教师们倒是乐意灌输西方和美国自由的制度、价值观。最初的提议不仅包括开设这一单一课程，而且还要求这一课程内容应只讲到1815年。坦言之，我一直不能理解他们这么做的意图，可能是因为在这一时间节点之后，伴随着社会主义和现代艺术的发展，西方文明开始没落。可喜的是，这一特殊限制被放宽了，但这种限制依然存在。董事会成员热衷于将西方文明课程视为正规教育模式的核心部分，哪怕以引起公众争议和与教师们的短暂争论为代价。另外，还有一些教育工作者和政治党派把在20世纪90年代和21世纪维持和复兴西方文明课程视为新任务，并将学习西方文明课程视为对受教育者的基本要求。

甚至2001年的"9·11事件"也引发了争论。大部分美国人对这次恐怖袭击的反应是，我们需要更多地了解整个世界，尤其是伊斯兰世界和中亚地区。但也有保守人士对此提出异议，前副总统的妻子林恩·切尼（Lynn Cheney）就是其中的代表。她认为，这次袭击显示出团结在西方标准周围是多么重要，因此，它不能在更广泛聚焦于整个世界的课程中被淡化。

近二十年来，西方与世界的对抗有些陷入了恰如美国人所说的"文化战争"之中。一个由世界主义者组成的群体认为，鉴于我们生活在作为整体的世界之中并受其影响，我们需要了解它，而仅局限于关注西方则不能适应"广泛理解全球化"的时代要求。这一群体中的一些人同样对某种西方价值观的局限感到担忧，他们甚至将世界史作为一种抨击西方的手段，只不过在世界史阵营中，这并不是他们最常用的手段。他们通常认为，全球视野可以帮助学生，使他们具备置身于他们自身价值体系之外批判（这

3

种批判没有必要是敌意的）其潜在局限和狭隘之处的能力。另一群体则相对保守，他们认为，西方文明课程有其特殊价值，应维持其中心地位。他们的坚持反映出他们一种真实的感受（这种真实值得商榷），即西方有着特别丰富的文化传统，而这种传统正是美国人基本价值观的源泉。但除了西方文明的本质之外，美国人的价值观还牵涉其他外部因素，例如全球化观念，或美国年轻一代的堕落，或美国人，尤其是美国年轻人的种族和文化来源日益多样化，或这些因素的融合等，这些不利因素都需要通过教授西方文明课程加以矫正。

4　　　世界观冲突使人眼花缭乱，却无法轻易分辨，不过它引出了许多关键性问题：第一个问题是，开设和教授西方文明课程的额外动机在多大程度上扭曲了我们的历史认识？这一问题会使我们全神贯注地反复阅读这篇文章。西方文明课程是否旨在规范美国各种各样的文化，例如对西方历史进行宣扬和粉饰，而不是分析？那么，我们将看到，随着这种西方文明课程教育传统在 20 世纪的发展，我们可通过大量事实推断，许多关键问题——有时包括细致探讨西方文明史事的发生时间，甚至准确的发生地点等，都未被涉及。这些问题有许多是可以解决的，但这些问题在被解决之前需要考察其是否符合西方文明课程的教学宗旨。

　　第二类问题涉及争论双方的协调问题。西方至上的保守派和世界史阵营中少数抨击西方的人之间的分歧无法调和。他们试图讨论价值观问题，并在"文化战争"中使用和扭曲历史为他们自己辩护。但在这极端的两派中，也有许多人疑惑为什么不能两者兼而有之。实际上，许多高中的世界史课程正打算这么做，它们将这门课程美其名曰"世界史"，但却花了三分之二的课时讲西方历史。问题是，这种协调对世界历史不公平，因为它们始终在以西方的视角看待这些历史，而且这样做有时也不能使我们真正理解和分析西方历史。学生们掌握了大量关于西方的历史事实的同时，只是零星地涉猎了其他地区的历史，他们对这些地区历史知识的掌握是少而混乱的。至于另一种协调方式，我们也能想象得到。学生们能够在高中接受西方历史教育，而如果保守派能够放宽旨在净化大学基础教育的无理限制，那么学生们进入大学后就能接触世界史。即便如此，这样会产生两个弊端：对于那些未考入大学但想透视更广阔世界的学生们，我们当如何对待呢？对于许多考入大学但对高中阶段的知识掌握不牢，不能将之与大学教育融会贯通的学生们，我们又当如何对待呢？

西方历史与世界历史能够通过各种序列的编排进行融合，很明显，美国教育能从这种直接尝试中获益。不过，在"文化战争"背景下，这种尝试十分艰难。甚至在进行尝试之前，我们可通过另一种有效的思维方式去思考西方文明课程，使之更好地与世界史联系起来，以进一步扫清现有的障碍。如此，我们便可减少西方历史与世界历史在课程设置中不必要的对抗。这就是本书意欲达成的目标。

在这篇导言中，我将先简单作一自我介绍，随后作一些总结。我的专业是欧洲史，一开始在芝加哥大学任教，教授西方文明课，那里至今仍保持着很强的西方文明课传统。当我还是大一新生时，我便热衷于考察西方文明课。欧洲史的魅力加上数位导师的热情使我深深地被历史吸引。至今我还能忆起，在当时的课程中，一些涉及西方文明课程的问题本该探索，却被忽视，不过我当时并不能认识到这种缺陷。即便现在我相信西方文明课程本身过于局限，我也仍然欣赏一门好的西方文明课程的价值和许多致力于教授这样课程的人。我也乐于分享许多我在芝加哥大学的经历，不过当时我已开始质疑西方文明课程一些与特定课程相关的设想，尤其是我开始怀疑伟大的哲学观念和西方文明是不是同一回事。我也有一点担心，将世界其他地区排斥在外是否合适——有趣的是，最伟大的美国历史学家之一威廉·麦克尼尔（William McNeill）当时也在芝加哥任教，只是他也不能削弱他所在机构的西方文明课程传统。我也很疑惑当时芝加哥一种纯粹的坚持，即考虑到 20 世纪极度扭曲了西方真正的价值观，西方文明课程的教授时间应在 1900 年前后截止，这自始至终都不是我所认为好的历史教育应承担的责任。好的历史教育应当帮助学生将过去和现在联系起来，让他们同等对待艰难时期和辉煌时期，而我近期的工作就是努力在课程的这一外在层面做些改变。

几年之后，我转向世界史，关注我们所居住的整个世界，而不只是西方，而且，我们需要相应的历史视野。我开始发现世界史也很有趣，并意识

5

到这一领域大有可为——这一想法颇具野心,但也不是不可能。我努力促使各院校摆脱单一的西方文明课程,转向世界史,而且,今后我会继续这么做。我与许多将西方文明课程教育转变成世界史课程教育的教师共事。毫无疑问,他们中的一些人会发现扩展新材料和引入新概念十分困难,墨守成规会安逸些,但也有许多人发现这一全新视野令人振奋,他们甚至意识到理解西方本身也可以推进这一进程。

从某种意义上说,本书意欲将我过去所爱(在那时回报颇丰)和我现在深信不疑的职责结合起来。如果我们在以世界史为中心的环境中用另一种方式去思考西方文明课程,那么我们中的一些人就能分享到这种成果。

从长期来看,世界史必将获胜——可以肯定的是,获胜形式多样,绝不是单一的版本。其原因足以令人信服:明显受宗教教育影响的巴基斯坦,或财团支持下的日本,或非洲的疾病,或墨西哥的烹饪都不可避免地需要我们具备全球视野。而从长期来看(至于多长,我承认我也不知道),西方文明课程的无力抵抗将显得不合时宜,这是试图忽视美国社会多元文化和我们所居世界更大影响的绝望尝试,正如近期一所大学所提到的那样,世界的其他部分正是世界的绝大部分,我们不能在教育方面或其他方面忽略这一点。

6

然而,西方文明课程在此过程中无需消亡。如果我们能从一个新视角去思考西方文明课程,对它提出一些需要从世界史角度才能解答的问题,那么我们就可以在此过程中推动这一必然结果并进行更多创造性的融合。

我们可先从两个方面进行调整。第一项调整是解决包括教师在内的许多人深陷西方历史的难题,这就涉及删减历史事实。所有历史都需细心挑选,甚至庞大的西方文明课程内容也需要进行删减,但为了更灵活地思考西方历史,使之与世界历史相融,我们需要有意剔除一些类似的基本内容。当然,为确保合理地对待西方文明课程,本书不会展示所有历史事件,而只提及对后世有着长远、直接影响的历史要闻和关键事件。

第二项调整涉及如何看待西方文明课程的问题。虽然我们仍然相信西方文明是我们的文明，但我们不能把它看成一种独特的文明，而应把它界定为既不是最古老的，也不是最早期的众多文明中的一种。同所有的文明一样，它有盛有衰，有起有落，不是沿着不断走向辉煌的直线轨迹发展。同所有的文明一样，它能被完全理解，但不是通过无止境的深挖历史细节，而是通过与更宏大的世界进程进行比较和融合。

最后，我想说，这是一本关于大事的小书。它旨在激发思考、讨论，甚至异议，而不是对一些复杂问题妄下定论。的确，鉴于我们寻求用新思维方法去思考旧问题，部分章节旨在提出问题，而不是给出答案。

再次重申，我们将致力于两个层面的努力。第一，通过教育层面上的西方文明课程简史理解一些常见的设想和疑惑，并在此过程中探索为什么那么多人乐于将西方文明课程视为优良教育的象征。第二，通过比较和全球视野去诠释西方历史。

当印度民族主义领袖甘地被问及对西方文明的看法时，他的回答大致是说，这个概念很好。事实上，"文明"一词有多种含义——世界史家对此感到非常困扰，而恪守西方文明课传统的人则不那么在意，这也是我们要解决的问题之一。

延伸阅读

Lynn Cheney，*Telling the Truth: Why Our Culture and Our Country Have Stopped Making Sense and What We Can Do About It*（New York: Simon& Schuster,1995）; Gary Nash and Ross Dunn, *History on Trial: Cultural Wars and the Teaching of the Past*（New York: A. A. Knopf: Distributed by Random House, 1997）.

第一部分

西方文明课程传统

　　　学者们对西方文明的大部分研究都开始于文明史，而不是文明应如何被教授的历史。尽管如此，就考察主题本身而言，将西方文明课程如何产生、它试图解决的问题等作为背景问题进行简单考察是十分必要的。通常情况下，像西方文明（或美国文学、微积分等）这样的科目是师生们公认的。事实上，认可和质疑科目的基本设想通常也是合理的，而且教学大纲也提供了这么做的途径。之后，我们才能分析这些设想如何对科目本身起作用。

第二章

为什么选择西方文明课程：制约成功的因素

正式的西方文明课程产生于近代（20世纪早期），而且产生在美国，这或许会令人疑惑。然而，在我们展示西方文明课程的优劣过程中，这两点疑惑便可得到解答。

同样需要注意的是（由第二点疑惑引申出来），对一个国家来说，如此热衷于一个非自身历史的发展是很不平常的。到19世纪末，大多数国家忙于将历史教育纳入国家战略之中，以向国民灌输爱国主义精神。这样的事情同样发生在美国，一些地区（例如得克萨斯地区）对美国史的教育就重于西方文明课程。但对许多教育工作者以及在他们身后的一部分民众来说，美国史似乎过于狭隘，过于近代，而西方文明虽然属于外国课程，但可作为历史教育的一种补充。关于这一点，我们同样可以进行探讨。对我们来说，理解在很多方面都有着强烈民族主义情绪的美国保守派为何如此重视西方文明课程传统十分必要。

西方文明课程产生之前有许多观念。随着基督教在西欧和东欧的发展，许多修道士开始撰写基督教世界编年史。这些修道士对历史往往是逐年叙述，在材料选择上也有些随意，但他们把基督教世界作为一个统一概念进行历史叙述。不过，随着天主教和东正教的分立，整个局面又陷入了混乱。俄国编年史记述俄国，可能还包括巴尔干半岛的一部分和拜占庭帝国；法国或德国修道士则专注于罗马教廷管理的领土。然而，一致的观念能够超越有限且经常变动的政治边界，这才是至关重要的。

在意大利文艺复兴时期,历史观念得到了发展,14 世纪之后又传到北方,这是更为直接的一种观念。这里的发展主要是指,对现代知识分子和教育工作者来说,过去希腊人和罗马人留下的遗产是一笔巨大的财富。这不仅体现在哲学观念和艺术风格上,还体现在应该被直接拿来借鉴的历史实例上。由此,人们开始认为,任何受过教育的贵族应当学习拉丁语,或许还要学习希腊语,而古典学也是需要学习的重要内容。在文艺复兴的世界里,罗马将军与政治家的所作所为都与政策和个性相关。当然,西方世界大部分人都未能接受这种教育,所以展示古典学素养,具备引述雅典或罗马共和国一些事件和人物传记的能力是贵族体现其社会地位的重要标志。

当前的西方文明史教育传统在一定程度上改变了以上这两种观念。它必定认为,尽管宗教因素需被考虑在内,但对西方文明的关注不能仅仅局限于基督教。它还认为,西方历史远不止古希腊和古罗马,而且,其历史的演变有必要教授给广大民众,而不仅仅是精英阶层。但是,西方文明课程传统也建立在这些观念之上:它有时会陷入对西方历史的编年叙述之中,认为历史本身就可说明一切;它有时也会特别推崇古希腊、古罗马时期,却对于推崇的原因缺乏细致分析;它还延续着精英教育的传统。即便现在,在一些"常春藤"大学和以文科见长的院校里仍有许多西方文明课程的忠实捍卫者,他们坚信,他们接受着最好、最明智的教育,且通过西方文明课程,他们自己也显得与众不同,而这并非偶然。

还有一个因素也促进了西方文明课程的诞生。真正意义上专业的历史教学和研究应出现在 19 世纪下半叶。显然,正如我们之前所说,历史写作并不算新鲜事物,但需要注意的是,当时的历史工作有了职业标准,一些人应该而且能够在实际操作中得到正式训练,例如在 19 世纪晚期兴起的在某一领域内获得博士学位。当时历史学发展的中心在欧洲,尤其是德国。一些人相信德国历史学家利奥波德·冯·兰克(Leopold von Ranke)的著史方法,认为叙述历史应当"如实直书",就像第一个专业的历史研究者那样。这一进程起源于欧洲意味着,许多早期的美国专家都是在欧洲接受的训练,或接受过欧洲人的训练,所以他们自然而然地认为,欧洲历史可作为研究和教学的合适素材。这也就解释了为什么在 1900 年左右,像堪萨斯州立大学(后改称堪萨斯州立农业学院)这样的大学在开设美国史课程的同时,其标准课程还开设了英国史(它被视为美国史尤为重要的背景),古代、中世纪和现代欧洲史、法国史。正如 1909 年大学情况一览表所显示的那样:"为使更好地理解美国史,你必须了解欧洲史,这也是我们学习古代史和现代史的主要原因之一。"的确,在 1910 年美国的一般大学里,45% 的历史课程都与西欧史有关,另有 16% 是关于英格兰史的,37% 涉及美国史,显然,只有 2% 是关于其他世界的。

11

然而,即使在这种情况下,西方文明课程也未被开设。欧洲科学的历史研究者们以及他们的美国学生们都倾向于细化研究具体的一小段历史。由于他们不太乐意从宏观上去考察一个文明,所以欧洲史课程被细分成断代史,如古代史、中世纪史等。如果它被整合成一个更大的图景,那一定主要是学生们的成果。而且,专门史的兴起发生在民族主义日益发展的时候,这意味着,许多研究甚至是教学都倾向于以国别细分,以满足国家的需要。尤其是在现代史领域,涉及欧洲的历史课程因此专注于本国历史,而不是范围更大的文明史。甚至民族主义历史学家会对国家产生之前的更早时期存有争论:1900 年左右的德国人就倾向于认为,中世纪在很大程度上得益于日耳曼部落的优良传统,受罗马辉煌成果的影响则较少,但继承了拉丁遗风的法国人的观点则完全相反。在这种争论中,从更大的整体上去思考是很困难的。因此,在堪萨斯州,历史课程自始至终都是关于英格兰或法国的,而不是整个文明。

受 20 世纪头 25 年里产生的两个新因素的综合影响,美国这一境况发生了变化,自 20 世纪 20 年代以来,美国许多院校都逐渐形成了西方文明课程传统。它们也解释了为什么西方文明课程在美国比在西欧更兴盛。其中一个因素得益于一位富于想象且非常固执的历史教师。另一个因素更复杂些,涉及教学课程对 20 世纪早期事态变化的反应。

这里首先要强调的是詹姆斯·哈威·鲁滨逊(James Harvey Robinson),他在哥伦比亚大学同时教授本科生和研究生,并孜孜不倦地撰写教科书和读本,以奠定西方文明课程教学的基础。鲁滨逊宣扬他的"新史学",这

其中就涉及对"长时段"的强调。由于生物学和考古学的进步,时间范围
得到了延伸,并形成了"历史"和"史前史"(有历史记录之前的历史)两
种新的划分。相应的,尽管历史时间在时间上比"中世纪"要长得多,但它
成了近代意义上的概念,而通过这种概念,当前的历史发展可以轻易地和
过去联系起来。如果按照这种思维,那么将有历史的民族(如西方的一些
民族)和因没有历史记录而没有历史的民族(如非洲的许多民族)区分开
来也是合情合理的。正如我们即将看到的,这种区分几乎完全不可信,但
在鲁滨逊的手中,它有助于确定西方历史的特殊地位。史前史的概念产生
于 1871 年,最初只是一个英语术语,是鲁滨逊(于 1895—1919 年在哥伦
比亚大学担任教授)最为明确地将这一概念诠释为一门跨国历史研究课
程的基础。

考虑到基督教、文艺复兴和之前的其他历史观念,鲁滨逊以欧洲人的
眼光看待历史几乎是不可避免的。这种历史考察自有史以来一直延续至
今,它以欧洲为中心,一直延伸到近代的北美。这就是"我们"的历史,它
将古希腊像亚里士多德那样的思想家与现代欧洲、牛顿和达尔文统一起
来。鲁滨逊以特殊的方式很随意地谈论"历史的统一与连续性",而这些
方式前人显然未曾用过。实际上,在他的影响下,许多教师不再将统一性
和连续性视为难题,而将它们看成基本假设,这既是衡量鲁滨逊成就的标
准,也是一个真正的错误。

此外,鲁滨逊的视角将历史本质集中在思想文化方面,而不是政治成
就。对西方文明课程的产生来说,这一点至关重要,因为无论其优势何在,
西方世界过去在政治上是不统一的,但其各个地方都分享着共同的思想
文化财富。另外,鲁滨逊的西方统一意识还涉及对理性、科学和循序渐进
的强调。现在与西方历史联系在一起,既以之为基础,也把它推向前进。
这里又涉及另一个未被拿出来细致分析的有力假设,即将西方理性主义
的特性和进程与从技术上说有"历史"的其他地区的传统进行比较。不需
要通过细致分析,我们就可以将西方历史与其他历史区别开来,这或许是
因为其他历史陷入史前史的困境之中,也可能是因为其他历史虽然有史
料记载,却充斥着愚昧与迷信。

　　1900—1915 年，鲁滨逊在哥伦比亚大学开设了一门非常有影响的研究生课程，其内容是按年代顺序考察西方理性思想的兴起。到 1926 年，西方文明课程也按照这一模式对本科生开设，并成为哥伦比亚大学的一门常规课程——那里的"当代文明"课程也于 1919 年被要求开设。此外，为适应这一课程的需要，大量教科书问世，这些教科书大体类似，它们把古代、中世纪、现代融在一起叙述，一个学年即可教完。这些教科书有许多是鲁滨逊以前的学生写的，他们中的有些已调往他校（如密歇根大学），但他们仍认真贯彻着他们导师的理念。哈利·艾尔墨·巴恩斯（Harry Elmer Barnes）在其 20 世纪 30 年代的文章中就反复重复这样一个常规设想："西方文明课程不能局限于旧有的编年史。现在我们已意识到，人类在地球上已存在至少 100 万年……从时间和文化的角度上说，按照古埃及人的历法从一开始计算，整个西方文明史都属于'现代'。"由于这种现代性，西方统一性被过多提及，而我们也没有理由去细述其他民族的历史，包括巴恩斯坚持提及的明显落后于西方的"东方"。

　　除去鲁滨逊及其学生们的努力外，西方文明课程迅速为人接受并广泛传播仍需一个特殊的环境。这里就涉及解释"为什么选择西方文明课程？"的第二个原因。新的课程建立在文艺复兴时期联结古希腊和罗马与现代的观念之上，它也在很大程度上得益于社会达尔文主义。这种思想观念产生于进化论被发现之后，其对西方文明课程的贡献远远大于宏观审视人类产生以来，乃至文明产生以来的时间。而且，它也鼓励不同种族的民族按其不同潜能向前发展。在帝国主义盛行的时代，将西方民族置于进化层次顶层并不令人感到意外，这也很容易使人更专注西方历史，而忽略其他"次等"，无论是否有文字记载的历史。

　　而且，当时有更特殊的环境。第一次世界大战（起源于欧洲，主要战事也发生在欧洲）将美国与欧洲拉得更近，且使之对欧洲的未来更为关切。在美国绝大多数欧洲史家看来，西方文明这一世界上最伟大的文明仍是美国的指南针，现在却支离破碎。在大西洋两岸的许多人，尤其是在欧洲的人都开始质疑，是否西方的辉煌时期已经过去。残酷的战争留下了创伤，紧张的气氛与混乱的局面在战后依然存在，这仿佛预示着新的战争即将到来，并且世界的其他地区或也会被牵扯进来，例如中国、日本等。在这种情况下，美国的欧洲史学家承担起了一项特殊任务，即书写超越困扰欧洲自身民族主义局限性的西方演进史。正如巴恩斯在其著作《西方思想文化史》（*Intellectual and Cultural History of the Western World*）中所说："在人类历史上，这是人类第一次被迫在乌托邦和野蛮之间迅速作出抉择……我希望本书可以帮助人类直接作出……一个明智的选择。"对于这些作者来说，撰写和教授西方文明课程成为"保持文明活力"的一种方式。

14   这明显是一种讽刺，并且在一些方式上极有吸引力。西方文明课程试图追寻一些本应是世界最好文明的持续性特征，尤其是在这些文明可能要崩溃的时候。它希望（这种希望非常渺茫）通过强调历史的积极层面以回避当代的消极层面，至少在旧世界迷途不返之时能让美国作为西方价值观的优秀承载体。至于处理西方世界无法回避的罪恶（例如在西方文明课程确立之时，纳粹主义也诞生了）则是一个复杂的问题。一些西方文明课本试图解决这一难题，而其他的西方文明课程（例如芝加哥大学的课程）一时间只是简单地将 20 世纪的历史剔除，因为那时的西方文明课令人生畏且日趋没落。再则，西方文明课程产生于许多非常有力的设想之中，而且这些设想看似必不可少，但没有经过非常彻底的验证。

    还有一个与美国直接相关的背景环境，正是这种背景环境能够专门解释西方文明课程能够作为院校常规教育计划的必要组成部分迅速传播的原因。

    在美国 20 世纪的头十年，高中教育开始广泛普及，尤其是针对日益增长的中层阶级的高中教育。不断增加的高中毕业生中有少数人寻求进入大学。他们中的一些人渴望进入"最好的学校"，即那些冠有"常春藤"名号的大学。大学很难将所有这些学生拒之门外——他们中一些人能力突出，一些人怀着引领美国地区扩张和现在或未来经济腾飞的坚定信念。名校不再简单地从少量熟悉的私有预科学校招收学生。但生源多样化也明显导致了入学标准问题，因为各种高中良莠不齐，其教学质量并不完全可靠。面对这一问题，大学入学测验应运而生，以帮助确定学生的天资，而不考虑生源地。针对这一问题的另一解决途径是强化大学的基础教育，这能帮助有着不同教育背景的学生站在同样的起跑线上。在此过程中，西方文明课程通常是关键的一环，又由于它追溯过去，引入文艺复兴时期精英教育标准，且意图在艰难时期强化西方价值观，因此具有两重吸引力。

不仅如此，如果西方文明课程在名校里传播，次等学校或也会模仿。为了保持对迅速增加的公立高中的优势，预科学校也会希望通过它们自己的西方文明课程帮助其提高升学率，但许多高中同样也可以这么做。我们可以确定，在公立学校，西方文明教育几乎总是次于美国史这一核心且有时被唯一要求教授的历史课程，但它仍然得到了广泛传播。

在中学和大学层面，当时还有着更多的时代背景。同样是在 20 世纪头几十年，大批移民移入美国，尤其是来自东欧和南欧的移民。按照当时的社会达尔文主义理论，他们都属于"劣等民族"。有一些人希望他们能被分流到特殊教育体系中去，只接受简单的职业培训。为学生设计的大型测验即有此意。然而事实是，尽管当时的种族主义正盛，但新的移民仍然留了下来，美国当局也不打算剥夺他们的公民权和受教育权。所以一项新的任务势在必行：以最快的速度将他们美国化。

在历史或社会科学课程中，对这一任务最有力的回应自然是强化统一的美国史课程，或从各个方面让学生在高中各个年级多次被灌输同样的国家历史事件或传奇故事。然而，西方文明课程也能为此出一份力，尤其是在遵循鲁滨逊及其继承者们所指路线的时候。毕竟美国史虽然辉煌，但过于近代。通过清晰的西方文明课程背景，我们可以呈展出一幅更有说服力的图景，它显示出美国制度与价值观与主要且荣耀的西方文明课程传统密切相关。一些新移民（如意大利人）虽然现在属于"劣等民族"，但他们在西方文明早期也扮演过重要角色。由于都根源于西方，所以他们的美国化可能会特别迅速。西方文明课程是使美国各民族完全同质化的方式之一，有时甚至是核心的方式之一，这对于使他们对过去产生共同认识并形成共同价值观也至关重要。

在某些方面，教授西方文明的国内与国际动机可融为一体。在第一次世界大战中，教授西方文明是美国军队战争导向教育计划的目标之一，以用于告诉美国士兵其敌人所持文明价值观的各种起源。到 20 世纪 30 年代或 40 年代,倡导西方文明教育可以提升一些美国人的自豪感。西方文明是仍在不断向前演进的历史,而 20 世纪的欧洲混乱不堪,是美国避免了法西斯主义,继续奉行着富有竞争力的资本主义价值观,并真正意义上诠释了最完美的西方精神。解决 20 世纪更混乱局面的方式之一便是去质疑:当美国继续沿着真正的西方道路前行的时候,西方其他地区错在哪里。

很明显,无论各种因素如何融合,倡导西方文明课程都会涉及鲁滨逊及其继承者所提出的一套未经验证的设想。它还会涉及一系列根深蒂固但非学术性的需要,这就进一步降低了一些主要设想接受详细审查的可能性。由于西方文明课程体现了对欧洲本土的焦虑或对美国国内种族多样性和危机的关切,人们对它充满激情且极度热衷——不过没有必要将之上升到进行科学分析的地步。

欧洲史家当然也被鼓励去从事文明方面的研究。威斯康星州一所大学的中世纪史家达纳·芒罗(Dana Munro)因此认为,中世纪史对"塑造广大的文明公民,且使学生能够理解他们所处时代的文明"是十分必要的。的确,许多大学课程最初的设计目的就是把学生培养成公民,以适应新移民美国化的需要,之后,它们又转向了西方文明课程。的确如此,例如斯坦福大学和达特茅斯学院就已经这么做了。

至少在大学层面,历史学家在很大程度上紧握着西方文明课程的命脉,这是不可避免的。哲学家与文学系也宣称他们的学科同样可以灌输西方的精髓。一些机构(如芝加哥大学)编撰的经典著作有时意图传递西方历程的统一性,而且一些基础教育计划安排的课程对历史研究也的确起到了辅助作用。西方文学的准则教育学生继续以一种保守思想去思考西方文明课程。但是像鲁滨逊那样的领袖使历史学家变得极有说服力,当然,这部分是因为纯粹的文学和哲学并不能像历史研究那样包含政治和思想的主题,不能轻易地与公民问题联系起来。

这种结果对美国的欧洲史家是极为有利的,这使历史所拥有的市场比它本已存在的更为广阔。当然,出于同样的原因,许多历史院系和历史学家也变得与西方文明课程休戚相关,这有助于克服一切反对之声,强化坚定不移地选择西方文明课程的意识。即便如此,高中的西方文明课程也未能得到系统发展（在其他方面，直接面向公民的公民课程减少了关于西方文明课程的争论），许多高中教师在大学接受了西方文明课程传统教育，仍然将西方文明看成典型的研究课程，视为历史中的真善美之源。后来的欧洲史高级课程班计划在一定程度上也是永久建立在这种崇敬之上的。

虽然有些观念在鲁滨逊最初的理念中就有暗示，但欧洲史家成功彰显的西方文明课程观念——至少，最初是出于观念上的原因——产生了深远影响。西方文明课程经常（并不总是）变成欧洲史课程。也就是说，课程并不专注西方文明的内容，转而去展示欧洲历史中的事件。然而，并不是所有这些历史事件都与西方文明课程的目标一致。我们有必要为了理解西方传统去了解神圣罗马帝国，或意大利归尔甫派（Guelphs）与吉伯林派（Ghibellines）之争，或英国的红白玫瑰之战吗？像这样的问题，我们本可以进行讨论，但随着西方文明教科书日益变成欧洲史教科书，这类问题从未被提起过。当然，历史测验总是最容易考察一些事实性知识，而不是分析西方这样或那样（如果有区别的话）历史趋势的问题。于是，有一种趋势（像美国史课程所做的那样）倾向于在欧洲历史事实掌握能力（源于课本而高于课本）与展现一个人的受教育素养之间平衡。而在这里这个基于一些未经测验的重要设想建立起来的领域里，我们还存在其他问题：许多学生和他们的老师都忙于记忆历史事实，以至于没有时间去简单分析西方文明课程进程中的一些关键问题，甚至连发现需要分析的问题的时间都没有。

教科书扩容就很能说明问题。起初，西方文明课本只有400—700页（鲁滨逊写的教科书中有一本页数最多，其他人写的教科书要简略些）。但随着西方文明课程被神圣化，它通常占用了两个学期的历史教学时间，并从历史细节开始讲起。到2002年，许多西方文明教科书都有两大卷之多，每卷都大约有900多页，同时帕尔默（R. R. Palmer）等人基于经典的欧洲中心论写的《现代世界史》（*History of the Modern World*）仅讲述近几个世纪的历史，就扩充到了1100多页。许多作品都是杰作，充满了真知灼见。但也有可能，在杂乱无章的历史细节之中，西方文明课程的精髓虽被界定和强调，但仍可能模糊不清。

17

西方文明课程的起源和早期变革清晰地解释了它被灌注极大热情的原因。从历史的视角来看，从其创始人开始，我们就能感受这种狂热，以及它夹杂的对欧洲世界和移民时代美国公民权问题的关切。即便人们不是特别喜欢西方文明课程，或将课程内容记得很好，受这门课程的影响，他们也分享了这种热情。对于美国一大部分职业历史学家来说，无论他们是否分享了这种热情，他们都变得依赖这一课程——即便如此，正如评论所指出的那样，专业化的努力都在试图摆脱西方文明课程教育，以支持更专业、高级的研究生课程。

随着西方文明在 20 世纪中期成为基础教育的主要课程，这种结果导致了一种严重的困境。西方文明课程的出现获得了大量支持，因为它能维持社会稳定、巩固一个统一的美国文化。它也是规范和倡导自由教育的一部分，它会竭尽所能让学生们学会批判和质疑。这种教学困难并非史无前例。它甚至可以有所创新，但成功需要对这种紧张局面有充分认识。不过，考虑到这一课程的基本假设和日益趋向于传统历史教学的记忆路线，这种认识可能不会出现。

延伸阅读

关于评价西方文明课程的起源问题，这里推荐一些很好的评论性材料：Daniel Segal, "'Western Civ' and the Staging of History in American Higher Education", *American Historical Review* 106（2000）: 770-805; Gilbert Allardyce, "The Rise and Fall of the Western Civilization Course", *American Historical Review* 87（1982）: 695-725; David John Frank, Evan Schofer and John Torres, "Rethinking History: Change in the University Curriculum, 1910-1990", *Sociology of Education* 67（1994）: 231-242; W. B. Carnochan, *The Battleground of the Curriculum: Liberal Education and American Experience*（Standford, Calif.: Standford University Press, 1993）, esp. Chapter 6; David Shumway, *Creating American Civilization: A Genealogy of American Literature as Academic Discipline*（Minneapolis: University of

Minnesota Press, 1994）。

关于作为必备知识的西方文明课程的持久观念，参见：Alan Bloom, *The Closing of the American Mind*（New York: Simon and Schuster, 1988）。

关于对死记硬背历史的批判和对分析历史的辩护，参见：Peter N. Stearns, *Meaning over Memory: Recasting the Teaching of Culture and History*（Chapl Hill: University of North Carolina Press, 1993）; Lawrence W. Levine, *The Opening of the American Mind: Canons, Culture, and History*（Boston: Beacon Press, 1996）。

第三章

西方文明课程的衰落及其仍发挥作用的原因

　　1982 年，吉尔伯特·阿勒代斯（Gibert Allardyce）在《美国历史评论》（美国业内历史悠久的杂志）发文宣称，西方文明课程已经衰落，随后，大量历史学家都发表评论支持这一观点。自 20 世纪 60 年代以来，西方文明课程遭到了许多类似的抨击。这些抨击带有许多批判性观点，其中一些观点直指西方文明课程基本假定的核心。似乎西方文明课程的堡垒会就此崩溃，而实际上显然没有。在此，我们需要花些时间去探讨抨击产生的原因及抨击没有完全成功的原因（对此，我们可以回顾 1994 年美国国会支持西方文明课程的投票）。之后，我们再转回来讨论接下来的问题。

　　对西方文明课程的一部分攻击源于 20 世纪 60 年代学生的反抗情绪。学生们反对必修课程的设置，他们的主张得到了许多年轻教师的响应。一大批基础教育课程被取消，作为必修课的西方文明课程也遭遇了同样的命运。就"越战"层面而言，随着战事恶化，它被视为西方帝国主义将权力与价值观强加给不情愿的亚洲人民的过程，而这种过程体现在西方文明课程层面则似乎使其显得尤为晦暗。

　　还有一些其他因素也影响了西方文明课程，且随着时间推移对西方文明课程及其学科建设造成了直接影响。首先，随着备受关注的西方文明课程在许多院校相继开设，许多课程的教学质量已脱离了早期课程开设时的初衷，尤其是当不情愿的研究生和希望教授更专业、更受欢迎课程的年轻讲师在教这一课程的时候。

　　许多西方文明教学计划都不主张从西方文明的起源教起,它们甚至一点儿也不关心起源问题。而且,可以肯定的是,许多人都将西方文明课程简单地归入欧洲史课程中,但他们仍然寻求从西方文明课程的光环中获益,无论如何,他们确实使西方文明课程的界定问题更加复杂化了。因此,许多学者对欧洲史的研究都忽略掉了古代时期,有相当多的人仅从1500年左右甚至更晚时期开始研究。放到现在,我们将之称为欧洲现代史课程再合适不过了——许多事件发生在欧洲,也因欧洲而起,发生在最近5个世纪或更短的时间里。但是严格意义上的现代史课程不可能假装去关注西方文明和由这一概念引起的核心问题。而且,大量研究都不再关注一些重要的观念,转而去考察政治史——由战争和国王们构建的欧洲史。到20世纪80年代,据大学委员会所说,西方文明已只属一般课程。学者们用于研究政治史和外交史的时间是研究思想史和文化史时间的两倍,这也被认可了(尽管考虑到当时过分强调对编年史的记忆,这种认可面临着更大困难),但关于西方文明的内容却不明确。战争和君主以欧洲为舞台,但地理上的西方又给他们留下了什么呢? 关于这一点是很明确的:许多欧洲研究课程已失去了西方文明课程的原动力。欧洲自身在世界事务中和美国意识形态里已不再显得那么重要,尤其是在亚洲国家开始将注意力转向国际的那十年里。那么,我们为什么还需要一个假设欧洲品质优良的实际纲领呢?

　　由于专注于社会史的兴起及其成长动力,并将之作为一种研究手段,历史学科得到了巨大发展。这是自一个世纪前历史职业化以来最令人瞩目的革新,它将不可避免地会对教育传统产生影响。社会史家(他们中的许多人关注欧洲史,并受过该领域开拓性著作的启发)认为,历史研究应关注普通人以及广义上的人的行为,如犯罪、娱乐、人口统计等,而不仅仅是政治和伟大观念。例如,在考察诸如文艺复兴这样的传统发展进程时,社会史家不会去关注文艺复兴兴起的国家或米开朗基罗的艺术,而会去关注工人和农民的工作情况和家庭价值观,基于这些标准,他们或会得出结论:耀眼的文艺复兴与对过去的继承和延续或一系列的创新相比没有多大区别。在考察宗教改革时,他们很少关注纯粹的教义变化和政治斗争,

20

而是更多地关注它如何改变了国民教育、家庭生活或对待巫术的看法。总体来说,社会史或彻底变革看待过去的方式。

　　社会史并不一定会危及西方文明课程,但实际上,它在许多方面都对西方文明课程传统非常抵触。首先,大部分社会史家会选择比文明更小的对象进行研究。因为他们在解决新问题,并通常会用到新材料,所以他们会把研究范围局限在国家或更小的区域内。只有少数一部分人会从欧洲的角度去考察典型的家庭结构或大众文化(这是一项极富想象力的研究,例如各种讨论灰姑娘的故事版本在民俗文化中流传颇广,甚至流传到诸如西伯利亚等欧洲以外的地区)。因此,大部分社会史家都对西方文明课程不感兴趣。除此之外,在关注农民、工人和女性时,社会史家倾向于强调在一个社会里进行身份和信仰的区分,而不是从整体上看。因此,当他们的注意力集中在城市工厂工人所处的恶劣环境时,一群贵族坐在一起讨论科学式的"西方"就不那么明显了。当社会史从各个角度去研究的主题是农民所受的剥削或贫困阶级儿童的高死亡率时,西方文明课程这一整体观念作为一种历史进程也就令人置疑了。社会史家倾向于对西方文明课程作这样的概括:在处理平民和平民生活时,西方文明课程并不算真正的历史。

　　事实上,将社会史研究主题(如妇女状况研究)纳入历史必修课程增加了历史综合研究课程的负担。社会史被安排了许多课时,这使学生们接触到了许多新主题,但也降低了他们对历史的连续感。很少有教学计划尝试将社会史纳入连续的历史或将西方文明课程凝聚起来的整体视野之中。

　　需要强调的是,尽管西方文明课程与社会史的关系十分复杂,但将它们凝聚在一起仍然是有可能的。然而,在 20 世纪 60 年代,社会史家更明显的立场是抛弃西方文明课程,转向其他途径,并明确地抨击西方文明课程的一些关于统一性和教学计划的设想。这些设想也是许多教师和学生抵触必修的西方文明课程的原因。在激进的 20 世纪 60 年代,许多学生大声质疑为什么西方文明课程很少提及平民的历史,为什么它过分侧重名人和富人的生活方式,仿佛这些构成了历史的全部一样。

　　在 20 世纪 70 年代,学界对西方文明课程的抨击仍在持续,一些新力量也加入进来。在一个公民权利被高度推崇的时代,美国学生的种族构成发生了变化,这是一个巨大进步。非洲裔或亚洲裔美国人学生群体经常带头要求抛弃必修的西方文明课程,以支持其他的文明传统。在斯坦福这样的地方,围绕这些问题举行的抗议活动愈演愈烈。一些机构(可以想象,或许以哥伦比亚大学为首)顶住压力,维持西方文明教学计划基本不变,但它们也开始降低要求或加入其他元素。例如,斯坦福大学就引入了富有创见的比较研究课程,以帮助学生们像研究西方一样在介绍性课程中初步接触非洲和拉丁美洲。

22

这些变化逐步推动了世界史替代西方文明课程运动的发展,并强调了这样一种观念:"真正"的世界史应该抛弃以西方为中心、很少涉及世界其他地区的历史课程。在抵制西方文明课程方面,20 世纪 60 年代产生的第一代世界史教科书和观念没有取得大的进展。但到了 70 年代晚期,情况发生了变化。美国学生群体的新特征、欧洲在世界事务中的地位的衰落、各个地区和全球势力对美国的均势影响力等因素同时在高中和大学层面上为探索历史研究新方法提供了强有力的依据。一些对世界史的细致研究使有效的分析方式应用到世界史教科书中成为可能,并且一些新的教师培养计划也出现了。有趣的是,世界史的领衔者不是对西方文明课程情有独钟的常春藤院校,而是名望较次,但可能更贴近学生需要的机构。不过,也有一大批杰出历史学家投身这一运动中来,并产生了一些新的学会和学术期刊,显示出与日俱增的活力。

最后,到 20 世纪 80 年代,后现代主义被应用到文学和历史研究之中同样冲击着西方文明课程传统。后现代主义者否定了历史研究中任何绝对或定性的标准,而西方文明课程无疑是标准化的。如果真理是相对的,那么我们又怎能去界定或捍卫一套已确定的西方价值观呢?后现代主义对英语的影响要比历史领域大,其对历史教学领域的影响极其有限,但它仍然融入了当时推翻西方文明课程的大潮之中,许多学者都声称,西方文明课程作为美国教育标志的时代结束了,对此,他们中一部分人欢欣鼓舞,另一部分人则扼腕叹息。

但西方文明课程并没有衰落。许多大学保持或重新引入了这一课程。

历史领域针对高中学生的国家标准虽未对西方文明课程进行特殊对待，但也给予了高度重视。高中的欧洲史预修课程（再次重申，不完全是西方文明课程，但也融入了西方文明课程的精髓）也增加了。可以确定，新的世界史预修课程也在2002年诞生了，从长期看，其前景不可预测，但从短期看，它预示着世界史和西方文明课程的教学计划会继续推行。西方文明课程并没有退出历史舞台，只是不再是历史教育领域里唯一的主角罢了。

这其中有很多原因。由于坚定的信念，或受事务繁荣的限制和惯性思维的影响，许多教师不愿放弃西方文明课程。放弃西方文明课程，转而发展世界史需要做大量工作，还要颠覆先入之见，非常困难。在20世纪80年代和90年代，历史研究又转到新的文化史阶段——被称为"文化转向"，这或许是对西方文明课程研究方法的补充，比先前的社会史研究方法更为适用。

学科之外的力量以西方文明课程的名义对此进行了明确反击。自20世纪80年代罗纳德·里根（Ronald Reagan）当政以来，美国保守派政治势力抬头，诸如传统基金会（Heritage Foundation）这样的智库也随之产生。由于不相信在大部分历史部门占主导地位的自由派专家学者，保守派试图强调这些专家倡导的思潮所造成的破坏，并寻求确立他们自己在高等教育中支配地位的方式。例如，在由里根提名的人选担任国家人文学科基金会主席时，社会史项目几乎就没有得到过联邦资金的支持。从更积极的层面看来，虽然在大多数情况下不是出于本意，但保守派的教育领导者有意复兴西方文明课程传统，以对抗更自由的学科和像世界史这样的可替代学科。

当时还存有两点争论。第一，作为对20世纪60年代学术氛围的回击，新一代的教育领导者（他们中并不是所有人在政治上都是保守派）辩称，好的教育应该包括一些标准必修课。回归核心学科是当时广受关注的呼声。第二，保守派教育工作者确信西方价值观的优越性，认为学生们应该认真细致学习，以成为有教养、团结的公民。

关于第一点，即重新确立必修课事宜，当然没有必要涉及西方文明课程。院校可以把世界史纳入基础教学计划，或者直接回避历史学科，而事实上，一些院校已经这么做了。但大部分人仅凭直觉仍将西方文明课程与核心观念联系在一起。20世纪80年代出版的一些教科书侧重于让学生掌握大量史实，且主要内容是西方历史，以培养合格的有教养的人，如果这也不是有意为之的话，那么它又相当明确地将西方文明课程与必修课程联系了起来。而且，保守派还使用了一个新把戏，声称现在的年轻人对西方历史事实的忽视程度令人震惊，而显然，此事是很严重的，或者说之前的年轻人肯定知道得更多一些。之后，他们便要求重新将西文明课程纳入必修课程之中。在更一般的层面上，无论来自个别教育工作者，还是来自"蓝带"委员会，几乎所有重构核心课程的新计划里都有西方文明课程的身影。

　　关于第二点则需要谨慎对待，因为有少数傲慢无礼的保守派教育工作者会明确抨击其他文明传统。从这种意义上讲，自詹姆斯•鲁滨逊及其同事轻率地提出优越论的设想以来，学术环境发生了明显变化。毫无疑问，西方优越论的观念已根深蒂固。正如一个支持者所说，学生们应该只学习西方文明，因为只有西方文明会认可其他文明，这是很荒谬的。其他支持者则坚持认为，学生们需要英雄式的榜样，并能通过历史受到激励和鼓舞，因此需要以西方历史为中心。如果按照这种模式，无论世界史还是社会史都会被排除在教育计划之外。同时，推动西方文明课程教育也能使保守派驱逐大学里的自由派，因为学术机构并不随整个国家的政治趋势而动。

　　如果将以上两点——对必修课设置和西方本质的迫切需要——综合起来，其效果必然很好。芝加哥大学哲学家阿兰•布鲁姆（Alan Bloom）写道，由于西方中心论的衰落，美国的思想也"封闭"了。其他人也力促回归西方，以将美国教育从深渊里拯救出来。

　　保守派自然想回归传统，西方文明课程当然适应其需要。不过它们间的联系远比这种一般性关联复杂。20世纪80年代的许多保守人士对20世纪60年代的文化及其蕴含的激进主义和宽容观念充满敌意。坚持核心价值观并在教育中坚持核心必修课程是对早期真实或想象出来的自由放纵的直接回应。当然，西方文明课程在各院校会以不同方式出现。许多保守人士通常在证据不足甚至毫无证据的情况下声称，美国年轻人教育状况恶化完全是因为20世纪60年代教育方法的失误。增加大学生通常比较缺乏的记忆性知识是常见方式之一。实际上,我们没有理由认为,以前的学生会学得更好,而此举的初衷也值得质疑。但人们深深感受到,美国年轻人缺乏关键的知识储备和训练,这也是推行必修课程、坚持以西方文明课程为主的传统历史教学方式势在必行的原因。

西方文明课程的复兴同样引出了几乎在一个世纪之前最开始推动这一课程发展的两个动机。在美国史无前例的移民时代,为学生灌输一种共同文化遗产显然十分必要。虽然当时外裔美国人在美国人口中所占比例比 1900 年低,但人口绝对数量有大的增长。移民来源甚广,包括亚洲、加勒比海和拉丁美洲各个地区。有一些评论者主张将拉丁美洲也纳入西方文明(这是一个富有争议的观点,我们将在之后进行讨论),而自非洲奴隶贸易兴起以来,更多来自这一贸易圈之外的移民移入美国。人口占少数的穆斯林有较大增长,有印度教、佛教、儒教背景的人口也有所增长。在这种情况下,美国化观念(这一术语现在已不再使用)也有所增强。向各种学生群体灌输西方文明课程知识,甚至将之作为新美国人的共同传统意识似乎与鲁滨逊时代的"新史学"同样重要。保守派对多样性感到不安,并寻求通过教育的方式减少这种不安。

同时,世界也发生了很大变化,这也足以使保守派感到不安。到 1991 年冷战结束,美国及其西方盟友对遭到攻击的担忧有所减少。但冷战氛围被日益增加的全球化压力替代,这使得任何文明,甚至一个强大的文明为它的特性担忧;对伊斯兰激进分子新的对抗成为另一个需要关注的问题;中国不断增长的经济实力显示出另一个竞争对手将在未来产生;美国被吹捧为唯一的超级大国,但未来吉凶难测,而回归西方传统则或可使他们在新全球化挑战和复杂环境中寻求一丝慰藉。

在这些因素支撑下,许多人对保持或恢复西方文明课程有着超乎寻常的热情。他们坚信,对于刚愎自用的年轻人、激进的教师,甚至在一个日新月异的时代忧虑着国家和世界未来的人来说,西方文明必修课是十分必要的。这种提倡融合了对已定教育路线的继承和西方历史已有魅力的记忆。所以,尽管我们有许多理由认定它会衰落,但它仍在发展,甚至被重新灌注了活力。

正如我们之前讨论的,从长期看,西方文明课程可能会进一步衰落,尤其是在教师们获得更多世界史教学经验的时候。但当前存在两个明显的问题:第一,对历史的划分对当前教育来说是有效的;第二,对传统本身来说,保守地教授西方文明课程可能并不完全公平。那么,我们有什么办法能走出困境,减少文化战争环境对历史基础教育的影响呢?

人们提出了许多富有创见的提议,以寻求搭建沟通世界史和西方历史这两个对立阵营间的桥梁,这一点不足为奇。一个来自西方文明课程阵营的历史学家就认识到了进一步扩展世界视野的重要性,他力促一个为期四学期的教学计划:两个学期教授西方文明;一个学期教授一些"非西方"的文明课程;剩下一个学期教授 20 世纪世界史。对此,学界争议很大,但无明确结果。首先,它并不是在真正推动世界史发展,因为它仍然以西方文明课程为中心;术语"非西方"本身就透露出这样一种用意:让学生们认为世界史主要由西方历史构成。其次,尽管我们都热爱历史,但让大部分大学课程计划安排四门历史课程是不现实的(关于"美国史在这一过程中会发生什么变化"的敏感话题,这里暂且不论)。

或许,我们可以找出一些好的方法来合理安排世界史和西方文明课程。历史学家特别不擅长建立两个不处于同一水平历史间的关系;每次一门概论课程在教学循环开始时,它就有被从头开始研究的趋势。而实际上,我们可以做得更好,尤其是对大学和高中的学生们。

但西方文明课程所处的困境并不单单只是课程合并问题。鉴于西方文明课程已推行数十年,且从一开始,西方文明课程计划除提供一门历史课程外还有其他意图,我们需要思考一些涉及西方文明课程的基本假设。

可喜的是,世界史确实提供了进行这种分析的机会。大部分世界史课程都为主要文明的历史提供了相当大的空间。也有一些持异议者,在课程中,他们将目光仅聚集在全球史问题上,如贸易形式、疾病或人口迁徙上。但即使全球史问题倡导者也通常能认识到,这些问题实质上是由不同文明的社会、地理、历史演绎的。比较主要文明或考察文明间的有效交流这两种向世界史靠拢的方式明确地在建立一种文明研究模式。世界史课程有充足的空间去关注西方文明课程中的关键历史事件,且不会颠覆这一课程的其他目的,或影响对其他社会和更大问题的处理。的确,包括实质上应被归入全球史的所有主要世界史课本都给了西方文明相当大的空间。本文试图呈现的强调"西方文明曾经是什么,现在是什么"的核心问题是他们不常碰到的。由于不愿将西方文明分离出来,主要的出版商仍然坚持一些传统且毫无争议的西方观念。一些西方文明课程的假设隐于外表之下等,许多世界史课程在呈现西方历史事实时不加以细致分析,不能真正搭建新世界史方法和西方文明课程传统之间的桥梁。这种分析能够而且应该考验数十年来支撑西方文明课程的假设,也能侵入近期的保守观念。由于所涉事务繁杂,解答问题远比提出问题困难,但挑战是多么令人振奋。通过跨相关领域研究,我们可以勾勒新轮廓,甚至找出新方法。

延伸阅读

对西方文明课程的抨击,见: Howard Brick, *Age of Contradiction: American Thought and Culture in the 1960s* (New York: Twayne Publishers; London: Prentice Hall International, 1998); Craig Lockard, "World History and the Public: The National Standards Debates", http://www.theaha.org/perspectives/issues/2000; Edmund Burke, III, "Marshall G. S. Hodgson and the Hemispheric Interregional Approach to World History", *Journal of World History* 6 (1996): 237-249; Daniel Segal, ed., *Crossing Cultures: Essays in the Displacement of Western Civilization* (Tucson: University of Arizona Press, 1992); Harland Bloland, "Postmodernism and Higher Education", *Journal of Higher Education66* (1995) 521-559; Robert Proctor, *Defining the Humanities: How Rediscovering a Tradition Can Improve Our Schools: With a Curriculum for Today's Students* (Bloomington: Indiana University Press, 1998); Francis Schaeffer, *How Should We Then Live? The Rise and Decline of Western Thought and Culture* (Westchester, Ill.: Crossway Books, 1983); Ralph Hancock, *America, the West and Liberal Education* (Lanham, Md.: Rowman & Littlefield, 1999)。

关于折中方案，见：Betty Schmitz, *Core Curriculum and Culture Pluralism: A Guide for Campus Planners* (Washington, DC: Association of American Colleges, c1992); Jerry Gaff, *General Education: The Changing Agenda* (Washington, DC: Association of American Colleges and University, 1999); Michael Boyle, " 'Hisperanto' : Western Civilization in the Global Curriculum", http://www.theaha.org/Perspectives/issues/1998; Chester Finn, ed., *Against Mediocracy: The Humanities in America's High Schools* (New York: Holmes & Meier, 1984)。

总体上提及西方更为谨慎的著作，见：Patrick Buchanan, *Death of the West: How Dying Populations and Immigrant Invasions Imperil Our Country and Civilization* (New York: St. Martin' s Press, 2002)。

第二部分

西方文明的兴起

29　　　　这一部分的章节首先对文明的一些本质问题进行界定,之后对涉及西方文明本体的一些基础问题进行探讨。这些问题部分可与其他文明课程进行比较,部分按编年方法,从西方文明课程兴起之初就明显存在的问题展开。

第四章

文明的定义

正如我们将在最后一章所提到的那样，大部分世界史家都使用"文明"这一概念，但许多人对这一概念并不满意。相比之下，由鲁滨逊等人发起的西方文明课程传统打算依赖这样的假设，即认为在与其他明显"劣等"的人类存在形式相比，"文明"有着明确的含义。显然，在当代教科书中，为了更好地处理西方文明，我们在转而关注形容词之前需要先稍花时间在名词上。

在世界史中，文明有两个含义。第一，它描述了一种人类组织形式；第二，它描述了某些地区作为某些特殊文明基础进行发展的连续性。

作为人类组织形式，文明产生于有大量剩余产品的经济体——所有文明最初都主要源于农业。虽然这些经济体也会经历艰难时期，也有农业歉收的时候，面临巨大的贫困问题，但在大部分时间里，它们有足够的产品剩余支撑复杂的政治、社会结构，并可经常负担昂贵的文化纪念物。

文明中同样有一些城市。一些城市产生于社群（society），而不是文明，但文明比社群有更多的城市和更大的城市影响力。特别需要注意的是，在农业文明中，大部分人还是居住在乡村的，但城市占有了相当一部分产品剩余。他们从事并鼓励贸易行为，输出工艺品和政治服务以换回食物。他们还经常推动文化事业。

大部分文明都拥有文字，这就使记录成为可能，促进了商业交流和政治机构运作。文字同样促进了知识的留存，这可能推动新的智力活动。同样需要注意的是,在近代以前,大部分文明的大多数人是文盲,但文字仍然是一种重要的社会工具。

最后,文明拥有了正式的国家。凭借地方群体和个别领袖,许多社群在没有形成国家的情况下也运转良好。显然,在大多数狩猎和采集社群里,情况的确如此,但在没有形成国家的农业社群里,情况竟也是这样。国家拥有官僚机构(很小),也拥有确定的领袖。

32

作为人类的一种组织形式,文明没有必要比其他形式优越。它通常比其他形式涉及更多的社会不平等,且不会有更多的友好或欢娱。如果文明意味着礼貌和无私,那么许多非文明社群有比文明社会更多的谦恭大方之人(正如我们即将看到的,西方文明长久以来都被视为是野蛮的)。可以肯定的是,许多文明看不起其他社群,认为它们原始、粗野,这样的一些偏见便形成了西方文明早期的定义,但我们需要从文明观念中分离出优越性的含义。而且,许多运转良好的社群长久以来都独立于文明而存在,例如,中亚的游牧社群在近代以前一直独立于文明而存在,且一直兴盛。

大部分世界史家都会同意将西方文明作为人类一种组织形式的界定:它拥有城市、文字、国家、社会不平等和产品剩余。就人类生存质量而言,他们只会说,这并不意味着西方优于其他社区。他们还坚持认为,我们应该像关注西方文明一样关注其他社群。

文明的第二层含义则强调连续性,这种界定对探讨西方文明课程至关重要。在很早以前,文明通常只局限于很小的一块区域,且出于经济原因沿河谷而建。随着时间推移,一些文明产生了多余人口,增强了军事实力,并在某种情况下建立了制度,形成了价值观,于是他们开始着手进行扩张。扩张会导致各种冲突,但从长期看,它是有利的,它促进了文明的传播,以形成共同的制度、价值观、贸易体系和社会模式,以在整个扩张地区形成某种文明连续性。

形成于公元前600—公元200年间的中华文明就是这一进程最明显的代表。中国北部是中华文明的发源地,它通过贸易、武力征服、有计划的移民与中国南部地区紧密联系在一起。中国的统治者通过一系列措施将帝国原有区域与扩张区域融为一体,包括推行共同语言(普通话),构建一套由皇帝和官僚控制的中央集权体系,推崇以儒家思想为代表的共同精英文化。因此,毫无疑问,中华文明存在许多连续性。甚至中国特色的两性关系也得益于共同的政策和观念。

可以肯定的是,即使在中国,连续性也不应被过分强调。富人通常比穷人更容易认可共同的制度和价值观。同时,地区差异也仍然存在,边疆地区与中心文明的联系十分松散。当然,也有一些少数民族及其文化并未完全融入进来。中华文明也不是所有中国人都必须拥有同样的价值观体系或政治体制。

文明也可发生改变。使用文明概念的复杂方面之一便是阻止它过于极端,同时确保它随着时间推移仍有所指。为使其拥有一些有用的含义,文明需要保持其固有特征数百年以上。如果一个社会的特征每50年就会完全改变,那么它会显得尤为重要且吸引人,但它同样会使文明的概念难以界定。例如,在中国,自公元前500年以来,特别强调界定政治秩序是很正常的。这些融入了政治体制和儒家文化之中,甚至在传统帝国和真正的儒家文化都早已消失的21世纪也仍然存在。但中国在21世纪早期,或甚至在15世纪,与公元200年时的中国大不一样。随着时间推移,变化和延续也成了文明概念的一部分。

现在,当涉及连续性时,西方文明就会遇到虽不特别明显,但也非比寻常的问题。这并不是说概念无效,而是说关于简述西方历史的假设与之完全不相关(詹姆斯·哈威·鲁滨逊语)。

最明显的是,西方文明社会在政治上几乎从来没有统一过。这并不是没有先例,印度文明也极少真正统一过。对一个文明来说,在共同价值观、贸易网络、政治体制和社会模式上保持连续性是可行的。但毫无疑问,当几乎没有共同政治历程时,保持这种连续性将面临更多挑战,因此,客观地说,西方文明几乎在任何时期都比中华文明难界定。我们也将看到,西方文明在地理上的变动比大部分文明都大。当然,没有克服不了的困难,但它需要对西方有清晰的界定,而不是顺其自然。

改变的层面本身也是一种挑战。一位世界史家曾说,相比其他大多数文明,西方文明有更大的变化潜力,这也是它的特征之一。这一点值得探

34 讨。如果确实如此,那么它意味着,寻求西方文明的连续性尤为重要,除非我们接连讨论不同的西方文明,而不是西方文明课程。

不同文明在不同地域延续发展。中华文明和之后中东 / 北非的伊斯兰文明可能发展较快,但这并不是说,它们比其他文明优越,只是说它们从起源上更好界定一些。较难界定的文明,如日本文明,它到底是独立的文明呢,还是因其故意模仿而成为起源于中国的东亚文明一个独特的组成部分呢?拉丁美洲或俄罗斯都吸收了其他文明的许多要素,但对它们自己的文明有明确的认同。西方文明课程可能介于两者之间,尽管它从整体上说比印度文明更难界定,但其分析难度也应属此范围。

这意味着西方文明课程远不是从一个事实回顾到另一个事实的历史故事,而是提出一系列的问题,并不可避免地进行分析和讨论。

大体上说,关于文明还有另一个观点。就广阔的地理范围和长期连续的时间范围而言,所有的主要文明都能被成功界定。和其他文明一样,西方文明也能找准自己的位置。依据文明对我们自己的价值体系的贴近程度,一些文明似乎也能获得我们更多的认可。由于西方文明课程是许多美国人的归属所在,它自然被视为是最贴近的。这种反应可以理解,但对分析用处不大。的确,它能成为一种误导。本书并不试图使任何人远离西方价值观(哪怕他们打算这么做),而是从历史角度看待西方价值观,不是篡改。一些定义西方的连续性特征实际上并不吸引人,而其他连续性则被有其他传统背景的人不解或讨厌。我们需要捕捉一系列反应,将之作为我们寻求的"什么是西方文明课程"一部分。

延伸阅读

Brian Fagin, *Africa in the Iron Age: c. 500 B. C. to A. D. 1400* (Cambridge; New York: Cambridge University Press, 1995); Anatoly M. Khazanov, *Nomads and the Outside World* (Madison: University of Wisconsin Press, 1984)。

第五章

西方文明形成于什么时期？

尽管讨论西方文明课程的起源问题不仅有益，而且有趣，但确定它产生的时间相当困难。我们已经看到，最初由鲁滨逊发起的西方文明课程传统就指出，关于文明起源问题的答案本质上是一样的，都是从古代河谷社群的故事谈起，应该被讨论和担心的事情也能被想象得到。随着西方文明课程的发展，考虑到学期时间长度等现实问题，教学的不同起点也被确立下来。然而，这一趋势刚刚兴起，还未到拿来讨论的地步。但在这里，我们可以简单地讨论一下。

这里有三个选项，其中一个显然不值得过分关注。选项一，和鲁滨逊一样，认为西方文明源于古美索不达米亚和古埃及，这一选项并不好；选项二，古典希腊和罗马，这一选项得到了当今大量学者和许多西方文明课程保守派的支持；选项三，罗马崩溃后的西方中世纪，这是我的首选，但也需要经过仔细验证。

古代西方

许多社群都宣称它们的起源可追溯到很久以前，但都无法证明。古代血统可使它们显得更加正统和荣耀。因此，犹太人所宣称的历史比他们的确切的产生时间更久远——最早的犹太人产生于公元前 1100 年，在《出埃及记》的时间之后。中国学者很早就指出中国核心价值观源于古代王朝。

在此，关于西方文明的故事没有必要是不真实的，它们只是不太确定是否真实。

将西方文明追溯到古美索不达米亚和古埃及的观点无疑很吸引人，因为这一观点本身就暗示了西方文明课程是最古老的课程。相比之下，其他文明就可能被视为是突然兴起的，因而遭到摒弃。

有一些观点十分明确。第一，美索不达米亚文明和之后的埃及文明是有记载以来最古老的文明，对此，我们在之前章节已有所提及。它们的辉煌成就不仅年代久远，而且令人赞叹，我们有充分理由去研究这两个文明呈现出的人类成果；第二，美索不达米亚文明与古埃及文明之间有着各种联系，之后这两大文明影响到古希腊，进而影响到古罗马和西方文明。从这种意义上讲，鲁滨逊所宣称的连续的历史是正确的——他坚持认为，许多高中教科书以及比重较小的大学课程中的西方历史应从中东和北非的河谷开始讲起。

但这一观点的危险之处在于，它完全颠覆了任何历史脉络的真实情况。我曾听过一些美国教师给学生们作的报告，报告称，文明已经西移，从最初的中东移到了现在的美国。这纯属无稽之谈，它完全忽略了亚洲和非洲的历史，并扭曲了西方历史。

问题是，从地理上说，埃及和美索不达米亚都不在西方。然而，如果文明价值观和制度可以从一个地方转移到另一个地方，那么地理因素就不起决定作用。仍需注意的是，在河谷文明发展的鼎盛时期，西欧大部分地区刚开始学会务农，其组织形式还称不上是文明。有另外两个因素起决定作用：首先，砖砌式建筑方法引入古埃及和美索不达米亚之后又被引入其他文明之中，但在此过程中无连续性可言。其次，古埃及和美索不达米亚文明遗存并不是在西方得到发扬光大，而是在中东、北非，以及东欧和非洲其他地区延续下来，这完全可以理解。认为"河谷文明经由一条直接或特殊的线路转移到西方"的说法完全是一种误导。

中东从河谷文明继承的遗产远比西欧要多。伊斯兰世界里女性在公共场合要遮脸的做法就起源于美索不达米亚文明。这种深入个人领域的遗产在西方就未被发现。我们通常并不将中东历史追溯到公元前 3500 年

（美索不达米亚文明产生的时间），只追溯到对伊斯兰文明有着决定影响，并在许多方面影响至今的伊斯兰教的兴起时期。那么为什么我们要不顾脆弱的联系，将西欧历史追溯到美索不达米亚文明呢？

古中东人或古埃及人在公元前 800 年以前（在某些情况下更早）就学会了书写、冶铁以及诸如制造马拉车辆的技术，他们还产生了铸造钱币、订立法律的想法。这些文明的产物从发源地传向亚非其他地区，并从东欧开始在欧洲传播。在这一历史进程中，它们并没有被包括西方文明在内的其他文明再创造。这些文明成果是至关重要的，但同时在很多方面也是中性的，它们可以为任何文明所用，而且许多文明也已经用了。因此，一个文明不是由它的文字、法律或钱币来界定的。

文明通常由政治、社会和文化的独特特征综合而定，这也是我们即将讨论的西方文明课程的真正起源要探寻的。古埃及文明和美索不达米亚文明都有充满魅力且很复杂的社会、国家和语言，但不是西式的。西方最终发展起来最具特色的政府组织形式和政治观念与古埃及和古巴比伦没有任何关系。不可否认，罗马征服埃及之后在一定程度上沿用了法老体制，包括将君主神化，但这一时期并不典型。西方国家吸收了一些古代政治中的元素，它们的文明也是在之后独立发展起来的。主要的社会组织形式也一样。

诚然，文化的问题有些棘手。近年来关于古埃及和古美索不达米亚对希腊文化的影响有许多争论。马丁·伯纳尔（Martin Bernal）声称，盲目的种族主义使西方人看不到非洲、西亚对古希腊的影响，同时，像莱夫科维茨（Lefkowitz）等学者回应称，古希腊成就源于其自身。总体来说，这样的争论毫无结果。

可以明确的是，我们需要在处理古希腊文化时对中东、北非文明的遗产有所延伸（这里暂不考虑古希腊在多大程度上就是西方的问题）。古希腊人不仅吸收了文字的观念，还引入腓尼基字母（较美索不达米亚文明的楔形文字有很大突破），并从中发展了他们自己的字母，进而影响到了被看作西方字母的古罗马字母。

古希腊人引入了古埃及的建筑形式，并受其影响建造纪念物，但在建

37

筑细节上与古埃及有所不同,且其工程造诣也比古埃及逊色。

从古代文明中分流出来的犹太教对后来基督教,乃至伊斯兰教都产生了很大影响。没有任何文明的遗产是独立存在的。从一定程度上说,大部分西方历史是对犹太人的仇恨史,但这不能弱化犹太人的革新对后来整个欧洲、北非、中东地区宗教史的作用。犹太人的著作也受到了美索不达米亚文明传说的影响,如大洪水的观念等。这也会融入西方文化以及其他文明的文化中去。

古希腊人还从古埃及人那儿学习了数学知识,知道了一些科学发现,他们自己的科学传统深受其影响。在这里,我们可以对重要的文化遗产和在一个文明中能找到的某种连续性作一个细致的区分。后来像阿那克西曼德(Anaximander,公元前 610—前 546 年)这样的古希腊科学家也的确细致研究过古埃及人的思想观念。许多数学家还专门跑到埃及去学习。的确,古埃及人在数学和天文学上的成就胜于古希腊人,但诸如阿那克西曼德那样的古希腊人补充了古埃及人所欠缺的一种科学观念:宇宙观,一种包含地球如何运转的自然体系。埃及人将星星看成已逝法老升天为神的象征,无意将之与自然联系起来。而且,他们也没有明确的科技哲学,这是后来西方科学的主要特征,但在古埃及就未被引入。

科学和数学无疑是很复杂的,许多西方文明课程都侧重于强调这一点。古希腊在英雄时代以前(又如鲁滨逊所说,是西方理性主义的起源)还没有科学。之后,随着古希腊的衰落,科学也停滞不前,直到西方复兴之后,科学才被重新引入这个极其沉闷的世界。稍后,我们会讨论这种虚构的第二部分,但现在,我们需要知道在古希腊时代以前就存在,并使古希腊受益良多的科学成就,如古埃及最先发明的"分数",这样我们就不会过分强调科学成就的希腊起源问题。我们还可以说,古希腊成就在一定程度上得益于古埃及和美索不达米亚文明,而不是西方。

在文化和政治方面,总体观点十分明确:西方历史的起始时间并非如我们有时所想。如果我们支持这种众望所归的历史根源说,那么我们就必须舍弃对西方文明连续性的客观分析(当然,我们同样也会在一定程度上忽略与西方文明有着同样根源的其他文明)。

希腊和罗马

决定西方文明起源的第二个选项貌似更为可信。当然，这种观点早在文艺复兴之前就得到了历代学者们的支持。西方文明起源于古希腊和古罗马，而其他文明则使它更加流光溢彩。毫无疑问，我们所涉及的历史记载和遗存在一定程度上形成了我们对西方的认同感。西方受过教育的人中又有哪个不会将罗马竞技场那样的建筑视为"我们的"呢？然而，尽管只是猜测或寻求一种确认，我们仍可理所应当地询问，古希腊和罗马中什么才是"西方的"，或者说，古希腊和罗马的哪些内容一直延续到西方文明之中？

这里有两到三个问题。首先，古希腊和罗马的主要成就并不是西方遗产唯一甚至是最原始的一部分。尽管希腊容纳了一些西方移民，且在过去的 30 年中日益西化，但它并不是西方的发源地。希腊统治者更多地将目光投向东方，而不是西方，在他们看来，除了稀缺资源和食物，他们在西方没有什么可寻求的了。因此，当亚历山大想要建立一个帝国之时，他把帝国建在亚洲和北非，与西方几乎没有任何联系。事实证明，亚历山大情愿在政治和文化方面与古希腊人妥协，以维持一个更稳定的西亚政权。过分强调古典希腊是"西方的"就是在扭曲古希腊人自己的想法。

而且，古希腊传统在东欧甚至中东的传播胜于西方。西方文明从古希腊人那里获益颇丰，但考虑到西方的独特性，我们不能说古典希腊就是"他们的"。亚里士多德是一位哲学家，这一点已被阿拉伯人、拜占庭人，乃至后来的俄罗斯人认可，正如他被西欧人认可一样（这种认可部分得益于他们对阿拉伯和拜占庭资料的研习）。古典希腊建筑风格影响了土耳其和俄罗斯，正如它影响了法国和美国。所有这些都意味着，如果古希腊被看成西方文明的起源——只是起源的一部分，那么它不仅仅只是西方文明的起源。尽管希腊史是西方历史的核心组成部分，但直接从古希腊到西方的直线思维方式是一种严重误导。

另一问题既涉及古希腊，也涉及古罗马。古希腊、古罗马并不能被看成西方，这就像古代中国、古代印度不能被视为中国或印度一样。西欧与古典希腊的关系就类似于日本与古代中国的关系：在很大程度上有所借鉴，但不是文明的直接传承（没有人会认为日本文明是由古代中国孕育而来）。

关于联系的问题正是我们要探讨的。一开始，古希腊和罗马社会与后来的西方社会组织形式几乎没有联系。古希腊和罗马文化与后来的西方文化联系密切，但不完整。在政治上，有一些西方政治传统与古希腊和罗马政治相关，但也有一些并不是古希腊和罗马政治的延续。

这也部分反映出了地理差异。西方文明并未建立在希腊本土之上，且在一定程度上也不是建立在罗马中心区域内，这种联系上的断层源于西罗马帝国的崩溃，古希腊和罗马的遗产无法在西方继承延续，甚至在形势稍有好转之后，罗马的许多方面也都无法恢复。相比之下，在中国，古代帝国（汉王朝）的终结会直接导致数世纪的政治动乱，但是汉王朝大部分核心的政治、文化特征都能得到延续和复兴，一直到 6 世纪，而西方就不是这样。

这意味着，许多最终融入西方历史进程的古希腊和罗马特征是西方通过选择性模仿得来的，不是直接的延续或完全的复兴。这种模仿既表明对西方传统来说古希腊和罗马文明必不可少，又说明它们并不是西方文明的全部。它们间的联系有缺口，有缝隙，这也是我们要对这一问题进行讨论的原因。

古希腊和罗马文明与西方文明在社会领域的联系尤为难找。古希腊和罗马有贵族、商人、农民，但这些在大部分农业文明中都存在，包括后来的西欧文明，以及当时的中华文明和印度文明。妇女在这些文明中的地位也是一样的。西西里地区规模庞大的农村地区等一些古希腊和罗马文明中最独具特色的社会结构后来覆盖东地中海和西地中海地区以及北非部分地区，成为整个地中海地区的独特特征，而不是最初并不属于地中海地区的西欧。尽管奴隶包括了家仆、家庭教师，以及从事农业、商业的工人和矿工，但奴隶本身是古希腊和罗马文明的一个鲜明特征。虽然在西罗马帝国灭亡后，西欧一些地区还有些奴隶，但总体来说，它不是西方文明的社会特征。此外，古希腊和罗马文明与西方文明中商人的地位与作用也有所不同，西方文明中的商人显得更为重要。在罗马帝国灭亡很久以后，西方的贵族对古典文化仍然特别热衷，他们的阶级基础与古希腊和罗马文明中的贵族完全不同。尽管古典时代和后来西方文明中的贵族都手握兵权，但他们进行战争的方式有很大不同，后者主要以为国效力的骑士为主，前者以为国服役的步兵为主。

罗马法将某种社会关系编纂成册。当11、12世纪罗马法在西欧复兴时，它的确对男性关系和财产观念产生了影响。甚至罗马奴隶法也发挥了作用，这种法律对后来的西欧影响甚小，但当欧洲人将非洲人贩到美洲为奴时，这种法律对合法处理奴隶以及奴隶的文化观念产生了影响。所以，古希腊和罗马文明与西方文明之间有联系，但这种联系不是在社会组织形式方面的直接延续。的确，真正意义上的西方社会史，涉及一些地区地产及以地产为基础的地主—农民关系，产生于罗马帝国灭亡以后，而不是古典时期。

古希腊和罗马文明与西方文明在流行文化的许多方面也没有联系。很少有西方的游戏、民谣、民间故事源于古典时期（例如，足球就只追溯到中世纪）。一些古罗马节日以另外的形式保存了下来，尤其是冬至日的庆典活动，这些活动后来又成为圣诞节的组成部分。受基督教影响，西方文明对性甚至同性恋的看法也与古希腊和罗马文明主流观念有很大不同。关于同性恋是产生于罗马灭亡之时还是之后的一段时间，西方历史学家们存有争议，但可以肯定的是，尽管离古罗马传统更近的意大利接受同性恋程度要比北方地区稍好一些，但这种被古希腊和罗马上层阶级普遍接受的生活方式并没有成为西方文明传统的一部分。

古希腊和罗马的文化和社会体系使它们对生产技术革新毫无兴趣。我们也没有必要将西方文明与技术革新联系过于紧密，毕竟它纯粹是现代产物。但古希腊和罗马文明在技术革新上的表现更为迟钝，许多革新观念曾被提出，但都被忽略。哲学家们则说它们在技术领域算不上真正的科学。对奴隶的依赖也降低了生产技术革新的动力（这主要是与古罗马以公民为劳动力地区的技术革新对比）。

在文化领域，古希腊和罗马传统中没有一个主流宗教。宗教庆典和对诸神的崇拜对古希腊和罗马的许多人来说都十分重要。许多平民还信奉感性宗教或神秘宗教。这些都影响了后来的基督教传播。例如，许多基督教堂都建立于罗马庙宇旧址之上,这不仅是因为那儿有现成的建筑材料,还有取而代之之意,但它们之间没有任何联系。西方文明通过基督教文化首次获得统一,而不是通过古希腊和罗马时代留传下来独具特色的主流文化。

高雅文化是另外一个问题。基督教思想的确与古希腊和罗马哲学的一些重要思想联系在一起。古希腊科学及其对宇宙的哲学思考在 11 世纪的西方得到复兴,且一直持续到 17 世纪,甚至在此之后,包括对逻辑自然宇宙的探索在内的一些原则仍然适用。在更多发展并不算健康的岁月里,西方科学都是由古希腊解剖学教科书、几何学著作以及一些谬论(包括在天文学中,古希腊晚期的希腊人相信太阳是围着地球转的)组成。

需要重申的是,我们有必要对古希腊科学保持谨慎态度。科学影响了广义的古希腊哲学,但科学观念并不被普通平民认同,这一点甚至在古希腊著作中都未明显反映出来。我们知道,古希腊人的科学在很大程度上是建立在前人成就基础上的,但他们的造诣赶不上前人,例如,他们在数学的某些方面就比不上古埃及人。最终,即便古希腊科学有所发展,一些重要的科学传统也在其他文明中发展起来,尤其是印度和中国,古希腊并没有形成科学上的垄断,也就是说,过分强调西方早期的理性之光是不正确的。中国科学与技术有密切联系,并基于此发明了比古希腊更多的实用物品。这些都没能抹掉一些留存下来的观念,但一个均衡的观点是至关重要的。

当涉及高雅艺术时,遗存观念便显得更为明显。古希腊和罗马建筑风格——也就是我们后来所知的古典风格——继续影响着西方世界的各种公共建筑,甚至一直影响至今。其他风格对此进行补充,例如较著名的中世纪哥特式风格,但古典模式通常被视为标准风格。古典雕塑颇具争议,但仍有一定的影响力。古希腊和罗马绘画风格逐渐没落,很少流传下来。但戏剧延续了下来,且经久不衰,尤其是古希腊戏剧及古希腊人为戏剧制定的规则。在罗马灭亡之后,关于这些高雅艺术存有一些争论,因为基督教排斥部分古典高雅文化,且由于城市和商业的衰落,社会减少了对文化事业的资助,但我们没理由质疑古典文化的许多方面与西方文明传统的深层联系。这种联系或体现在古典戏剧或诗歌的再现,或体现在莎士比亚或拉辛(Racine)等西方作家在写作内容和风格上所受的影响。需要说明的是，即使在高雅文化中，宗教题材也正在消失，因为多神论与基督教义对立，这意味着，即使一些艺术采用古典风格，其主题内容也会发生一些实质变化。但密切联系是存在的，西方高雅文化的一个重要部分就是与古希腊和罗马文明相协而生的。

所以，我们要支持高雅文化，反对流行文化、宗教和独特的社会组织形式。这一过程复杂，但结论非常明确：相比伟大的亚洲文明，西方文明的起源问题极其复杂（部分是因为罗马帝国的灭亡），且真正的争论部分是基于衡量文明的标准。

政治和政体或能打破僵局，这也是关于西方文明起源问题最具争议的地方。古希腊和罗马政体形式多样，其结果之一就是大量关于政治的著作问世，以讨论贵族统治、寡头专制和民主统治的各种优劣。流传至西方的还有一份重要遗产，且与高雅文化的一些其他方面联系紧密，即强调政治思想的重要性和在原则上具备讨论各种政体的能力。这也是为什么有许多西方政治术语（不考虑特殊语言）都源于古希腊和罗马语言，尤其是古希腊语的一个原因。罗马建立了一个庞大帝国，不过以陆地为基础的帝国在西方政体中并非典型，正如之后我们所看到的，关于伟大帝国的记忆在西方文明中发挥了重要作用（不过，考虑到罗马帝国与拜占庭帝国的联系，说它在东欧发挥作用更为合理）。罗马帝国同样强调法律和法律编纂，这些在西方消失了一段时间之后得到复兴，并成为西方政治的重要组成部分。

但是，古希腊和罗马文明政治生活和体制的大部分特征都没有延续并融入后来的西方文明之中。政治遗产是真实的，但也是有限的。在古希腊和罗马时代的大部分时间里，由贵族统治的城邦是最好的政府组织形式，这一形式后来在意大利也出现过，但不是西方文明的独特特征。古典时代的国家和公民也有其独特特征。政府职能范围没有明确界定：权力和限制的概念不明晰；公民的一切事务都由国家管理，这些也没有延续并融入西方标准之中。

医疗问题显示出古希腊城邦与西方国家的差异。古希腊城邦通常雇用医生去治病，而不论其是否具有公民身份。这些医生比私人医生更有名望。西方国家政府只在第二次世界大战后才考虑到这种职责，在这些国家庞大的医疗体系中，私人医生则更有名望。西方国家并不是古希腊国家的复兴。

可以肯定的是，古希腊和罗马时期的民主确实得到了发展，尤其是在古典时期的雅典，民主在政治理论中得到了广泛讨论；在罗马共和国，即使是平民也能参与政治，只是参与程度有限。由此，许多学生被教导，在西方文明课程传统中，西方民主根源于古典时代，这也使西方文明成为世界上最早拥有民主传统的文明，且从另一个方面展示了西方文明课程是如何被神圣化的。古典民主与现代民主是不一样的，它涉及民众的直接参与，而不是选举代表；而且，半数男性——奴隶、外国人和所有女性都没有发言权。古典民主作为西方民主传统的真正问题在于，第一，相比规则，民主更像是一种例外；第二，民主的确短暂存在过，但之后在西欧就消失了，且无迹可寻。[①]

在现代，当民众开始要求民主，他们不会提及雅典。在 14、15 世纪的意大利，有群众呼吁恢复罗马共和国政体。欧洲其他地区的民主要求都会提及基督教强调众生平等观念，而不是古典时期留下的遗产。在 15 世纪晚期，英国农民要求民主，渴望获得伊甸园式的平等，而不是伯里克利时代雅典式的民主。那些声称古典民主延续下来的人举证会十分困难。这里并无文明连续性可言。

15 世纪意大利文艺复兴和 18 世纪启蒙运动中的政治理论家讨论过古代民主问题。如此，像托马斯·杰弗逊（Thomas Jefferson）这样的思想家在启蒙运动中掀起民主浪潮就显得理所当然，但这并不是诱因。

正如我们即将看到的，西方政治传统多种多样且变幻无常，但除了政治理论和罗马法以外，它们很少是从古希腊和罗马文明中继承而来的。

许多古希腊和罗马文明与西方文明联系的中断都是因为 5 世纪西罗

---

① 在教育方式上将希腊、民主与西方简单对等起来是很危险的。许多学生迷失在这种联系之中，并用这种联系去理解现代民主，反而对西方真正的历史缺乏认识。当被问及"为什么说彼得大帝在 1700 年没有将俄国全盘西化"，聪明的大一新生会频繁地回答："彼得大帝没有将俄国变得民主。"这种说法是对的，但完全脱离了 1700 年的西方，这又是一个有趣的错误，它反映出漫不经心的总结已在西方文明教学中被滥用。

马帝国的灭亡。甚至高雅文化也黯然失色,不过其中的一些元素后来又得到复兴。由于罗马衰落、蛮族入侵、政治动乱,社会组织形式、流行文化、政治的许多方面都发生了改变,甚至拉丁语也难以延续,这门语言对西方传统的语言体系有一定影响,但并不是所有语言都由它演变而来。

不仅如此,在意大利以外地区,罗马文明的影响不够深刻。西罗马帝国灭亡的原因之一就是当地民众并没有与帝国紧密联系在一起,这也是我们质疑古典时期与西方文明有许多联系的另一原因。实际上,深受罗马文明影响的西班牙有数百年都在伊斯兰统治之下,并没有参与西方文明发展的历史进程,这也进一步说明了文明间的断层。

当然,还是有一些遗产留存下来了。古希腊-罗马文明的一些重要特征或直接,或通过后来的复兴融入了西方文明之中。问题是有多少融入进来。当然,还有对伟大历史的回忆。甚至与古希腊和罗马的居民毫无共同之处的西方人也会对绚丽的雅典文化或伟大的罗马帝国有认同感和自豪感。西方文明课程传统通常也是建立在这些记忆之上的。相应的,这些记忆也结束了关于"有多少遗产被留存下来"的争论。

中世纪选项

"中世纪"这一术语是指一段从罗马灭亡到 15 世纪间(大约从 450—1450 年)西欧的黯淡的历史。这最初是文艺复兴的观念和启蒙思想家的看法,他们认为这一时期混乱不堪、宗教迷信盛行。它意味着,中世纪毁灭了西方文明传统,只有回归古典风格和文学主题才能使之复兴,许多文艺复兴思想家都对此深信不疑。人们开始不再细致研究西方文明与古典文明的联系,转而讨论它的起源问题。

幸运的是,尽管"中世纪"这一术语仍在欧洲史中被使用(该词并不适用于世界史),但我们对中世纪的了解还要更多。认为"中世纪是西方文明建立初期"的说法貌似是真实可信的。首先,它选择性继承了古典时期的一些遗产。其次,中世纪西方文明在发展成现代西方文明过程中经历了许多变化(关于这一点,古代中国和印度在发展成为现代文明过程中也经

45

历了许多变化,但这并不意味着,它们的文明传统就不是从一开始延续下来的)。

中世纪可以说是西方文明的塑造者,这突出表现在以下两个方面:第一,尽管西方文明在中世纪之后发生了许多变化,但这些变化与许多中世纪模式有直接联系,这种连续性并没有像罗马灭亡时那样被中断;第二,也是更为重要的一点,中世纪的许多革新构成了西方文明的独特特征,且一直延续至今。

关于第一点,数世纪的混乱,包括经济封闭、政治分立、低水平的思想文化生活、长期性的蛮族入侵是 5—10 世纪西欧大部分地区的真实写照。之后局势才稍有稳定,经济开始复苏,人口也有所增长。正是在中世纪这段岁月里,西方文明的一些核心特征才逐渐形成、巩固,并通过一系列变化延续至今。

举个简单且基本的例子。到 11 世纪,在英国和法国等地,一些小的中央政府开始建立,并伴有适当的官僚体系。这一套政治发展的基础配备,包括国家机器的阶段性扩张一直延续到 20 世纪。这并不是说,我们通过中世纪前身就可预测 20 世纪的国家面貌,而是说,这段历史具有连续性。

科学领域的情况也是一样。科学思想和实践起源于中世纪,且当时还复兴了古希腊的一些科学成就,引入了阿拉伯文明的科学成果,其历史进程可直接与 17 世纪的科技革命,乃至现代科学联系在一起。需要重申的是,这并不是说现代西方科学的发展在 1 000 年前已经注定,而只是强调历史发展的连续性。

商业领域也是如此。贸易在中世纪的复兴催生了一种新的商业传统,并一直延续到现代的商业行为之中。

如果西方文明的一些独特特征在此过程中没有形成,那么强调这种历史联系毫无意义,甚至可能会产生误导。

在中世纪,西方文明内部政治分立、军事冲突不断,是在中世纪形式单一且日益根深蒂固的基督教这一共同价值观和一些共同的社会经济模式将它们凝聚在一起。到 21 世纪,随着欧盟的成立,这一西方文明特征随着政治联盟的建立和军国主义的衰落被保留下来。但毫无疑问,在此之前,中世纪留存的遗产始终与仇恨相伴。西方文明并不是唯一的政治分立,保持着高度的军国主义传统(可与日本、撒哈拉以南的非洲进行比较)的文明,但它可能会在这些文明中名列前茅。

在中世纪,商人扮演了一个特殊的角色,很值得与其他文明传统进行比较。关于这一点,我们需要进行细致描述。在这一时期,以中东伊斯兰文明为首的许多文明都有更先进的商业体系,包括我们可以视之为资本主义的手段和动机。相比基督教,伊斯兰教最初对商业行为的态度更为友好。在中世纪西欧,商业的确得到了发展,不过并没有出现典型的资本主义特征。与其他文明有所区别的是,由于政府软弱,商人阶层和许多地方势力一样获得了很大程度的自治权(相比之下,亚洲的一些文明商贸更为发达,但政府也更为强大),这为西方商业后来的发展奠定了一些基础。

在思想文化生活中,中世纪引发了一场关于信仰与理性的大讨论,这是长久以来形成的西方言论,至少在美国这样的西方国家中仍有反响。基督教义与重燃的科学和逻辑(包括一些新的科学实验)兴趣融合,形成了一种活跃的文化张力,有时激烈,有时富有创造力。伊斯兰教也有类似的文化张力——西方也是在争论中对伊斯兰教有所借鉴,但事实证明,西方的文化张力是最持久的。

一些中世纪史家已将西方科技发展历程的起源追溯到中世纪。这并不是说,中世纪的科技已很发达(中世纪的西欧科技虽有所发展,但明显逊于亚洲),而是说,在将人与自然明显区分之后,基督教鼓励改造(有时是破坏)自然,以造福人类的科技创新。当然,中世纪晚期的经济发展和各国的军事野心也促进了技术革新。欧洲开始变得极度渴望引入技术,如印刷术、指南针和火药等,此外,欧洲还引入最初产生于其他地区的农耕方法,给马套上颈圈,使之犁地。

中世纪还产生了"有限国家"观念——并不是现代意义上的观念,但与现代意义上的观念有直接联系。这里就涉及两个重要的关键因素,且这两个关键因素的联系也很关键。第一,由于西方的基督教会没有得到政治力量的直接支持(在罗马帝国时期,它们有时还遭到国家的敌视),它脱离国家,构建了自己的管理体系。这种管理体系及其独立性在中世纪早期得到巩固,当时西欧政局混乱,还没有国家建立起来。由于体制独立,且因其宗教使命而宣称至高无上,教会在中世纪晚期甚至之后的时期都被视为国家的阻碍。除了管理体系独立之外,西方教会还主张教权与政权分立,而且教权更为重要。这种模式既与教会—国家关系更加模糊不清的东正教不同,也与政教合一的伊斯兰教有别。久而久之,教会制衡国家便成为常态。

第二个因素源于西方的封建君主改革(有趣的是,他们的改革在许多方面都与日本封建君主改革非常类似,而这纯属巧合)。这种改革开始于大约 800 年查理大帝试图恢复罗马帝国荣耀的最后尝试之后,这次尝试的失败使统治者们认识到,现行的封建主义体制已经僵化,西方国家需要其他体制。

西方封建体制由一套封君封臣的政治关系构成。封臣理应对封君效忠。然而,随着包括法国和英国国王在内的某些封君日益强大,他们经常会插手一些封臣的传统权力范围。作为回应,封臣则致力于推动符合他们意志的封建契约:封臣应对封君尽忠,包括军事辅助,但前提是封君履行对封臣的职责,包括不额外征税、征询封臣意见。出自 11 世纪法国沙特尔大教堂主教之手的文献显示,封君应与封臣保持"互惠"关系,如果他们不这么做,那么他们会得到"不守信用"的苛责。作为应对措施,政治领袖会出来进行监督,一大批律师(又一西方特色)也会出来处理这类争端。随着事态发展,到 13 世纪,封臣执意要求封君同意征收新税的会议出现了。这种会议于 1265 年出现在英国,后又出现在加泰罗尼亚(Catalonia,位于西班牙)、法国以及中欧的许多地区。后来,它们便发展成了我们所知的议会。

当然,这里所说的议会并非现代意义上的议会,现代意义上的议会直到 17 世纪才开始形成,之后真正意义上的民主(与中世纪的民主有很大不同)才开始出现。许多社群的地方军事首脑都开发了议会传统,以组成联盟和缓解内部冲突,议会传统后来又出现在非洲、印度和其他地区,通常用于辅助选举新领袖。但西方议会传统有一些独特特征,尤其是在与教会的特殊角色融为一体的时候。议会理应定期召开(这一问题已被反复讨

论），且首要问题应集中在征税权上。相应的，这一权力又会引发他们对与
税收相关的其他权力的要求。这一权力是西方议会传统的核心（美国独
立战争的革命理念为："无代表权就不纳税。"），甚至在现在也是。

　　相比现在，中世纪的西方议会举行了更多由教会主持的会议。阿富
汗的支尔格大会（Loya Jirga）或大国民议会可追溯到数千年以前。根据
传说，当选举国王之时，战士、工匠和农民召开了一次大国民议会，任命了
由雅利安入侵者扶植的第一任国王（当时他们的势力已深入到奥古苏斯
河以南），这一形式直到天空中的一只老鹰将一顶王冠戴在新统治者阎摩
（Yama）头上才结束。和许多军事社群一样，议会定期召开，以解决内部
争端，但首要职责是选举领袖。1747 年，部落首领们召开议会，任命首次
建立阿富汗国家的艾哈迈德·沙·杜兰尼（Ahmad Shah Durrani）为国王。
诚然，这种议会非常重要，但与西方议会完全是两个概念，因为大部分西方
国家的国王都是通过继承获得王位的，无需议会任命。不过，早期日耳曼
部落传统或许预示了对封建体系中征询权的强调。由于西方议会握有财
权，而专制君主频繁寻求新的税源，这就决定了这些机构可以影响国王的
决定，甚至行为。因此，英国 1295 年建立的长期议会——第一个完全意义
上的议会宣称，国王未经议会允许，不得另征新税。到 1305 年，基于这种
规定，英国议会甚至对教会征税也加以干涉，此外，它还接受任何英国臣民
就政府应关心事务进行的请愿。除西方外，没有其他会议朝这个方向发展，
直到其他地区开始仿效西方议会。

49

　　总而言之，中世纪在文化（包括科技的文化基础）、商人角色以及政治
的各个方面都为西方文明一些重要特征的确立奠定了基础，尤其对自那时
起被视为西方文明核心的欧洲部分。通过各种例子，我们都可看出，中世纪
的西方文明后来发生了很大变化，但没有变化到无法认同的程度。其他因
素后来也加入进来。中世纪晚期农奴制的日趋瓦解对后来西方社会组织形
式的发展起到了重要作用，而我们从中世纪的情景中也可看到典型的西方
社会。当然，虽然中世纪思想家已开始对古典文化进行选择性吸收，尤其是
在逻辑学领域，但后来古典艺术和哲学的复兴也产生了一些重大变化。

结 论

到中世纪,随着11、12世纪典型中世纪成就的出现,西方文明已能被界定。这并不是西方文明的全部面貌,也不是现代意义上的西方文明,但它为西方文明的发展奠定了基础,就像伊斯兰教和阿拉伯扩张给中东文明、中华文明和印度文明带来的影响一样。

不可否认,西方文明带有一些古典文明特征。我们也有许多客观和主观的原因希望将西方文明的起源时期定在更早的时间点上,但我们进行研究的目的是明确西方文明的起源,虽然也需要推测,但不是通过像"西方文明一定起源于其他文明之前"这样的口头假设。人类文明史不是由西方文明主导的,它只是整个文明史中的一部分。我们需要认识的是,由于一些不可否认的复杂性,我们所知的西方文明课程传统只可追溯到大约一千年以前。相比之下,这些古典文明遗产不像古代河谷文明那样数世纪以来只影响了西方文明。

延伸阅读

Martin Bernal, *Black Athena: The Afroasiatic Roots of Classical Civilization* (New Brunswick, NJ: Rutgers University Press, 1987); Mary R. Lefkowitz, *Not Out of Africa: How Afrocentrism Became an Excuse to Teach Myth as History* (New Yori; BasicBooks, 1997); Robert Hahn, *Anaximander and the Architects: The Contributions of Egyptian and Greek Architectural Technologies to the Origins of Greek Philosophy* (Albany: State University of New York Press, 2001); Fernand Braudel, *The Mediterranean and the Mediterranean World in the Age of Philip II* (New York: Harper & Row, 1996); Lynn White, *Medieval Technology and Social Change* (Oxford: Oxford University Press, 1964); Peter Edwards, *Europe and the Middle Ages* (Englewood Cliffs, NJ: Prentice Hall, 1989).

第六章

世界中的西方

随着西方文明在中世纪形成,其在世界中的位置也逐渐发生了部分 变化。虽然罗马帝国(在世界史上综合国力最为强大的国家之一,当时只有中国的汉朝可与之媲美)的辉煌难以企及,但欧洲的领袖们仍然希望能够继承罗马帝国延续了数个世纪的权力。至于这种动机在多大程度上促进了他们的军事扩张,我们很难评估,但有趣的是,俄国沙皇有意效仿罗马(和拜占庭),从 1450 年开始了军事扩张。这里需要重申的是,我们很难去说罗马在多大程度上起到了"橱窗"效应,也不能说它在此过程中提供了多大动力。

现实是,罗马帝国灭亡后的西欧不仅无力再续辉煌,而且在与周边世界的碰撞中也多处不利。大约在 800 年,查理大帝曾试图建立一个类似罗马帝国的国家,且在此过程中得到拜占庭帝国皇帝的认可——这说明他的视野至少放眼于整个基督教世界。但查理大帝的努力成果在他驾崩之后顷刻化为乌有,国家四分五裂,构成了现在西欧的主要版图。

无论是在查理大帝统治之前还是之后,西欧都不断地遭到蛮族入侵。穆斯林曾从西班牙入侵法国,后被查理大帝的祖父击败,这与其说是因为西方军力强盛,倒不如说是因为穆斯林后勤补给不足。之后,穆斯林停止了大规模入侵行动,因为西欧不值得他们舍身犯险。但维京人和来自中欧的各种入侵者仍继续对西欧施压达数世纪之久。这为虽四分五裂,但秩序更为井然的西欧增加了不安因素。甚至在入侵行为终止之后,仍时有欧洲人被当作奴隶贩卖到阿拉伯世界。

52　　即使在局势更为稳定之后,西欧仍然落后于周边地区。它技术落后,城市空间狭小,贵族也不优雅、富裕。受穆斯林旅者传闻影响,在穆斯林看来,西欧还不如撒哈拉以南的非洲国家,因为这些地区已部分伊斯兰化,且金矿资源丰富。欧洲没有哪个城市可与拜占庭首都君士坦丁堡相提并论,也没有哪个王室可与拜占庭王室并驾齐驱。即使西欧后来日益富裕,贸易更为发达,城市化水平更高,它仍然明显落后于其他任何具有可比性的地区。

　　有一个反常现象是,西欧人都很好战,并且深信他们的宗教才是真正的宗教,因此,他们蔑视伊斯兰教,批判东正教对天主教义的修正(在中世纪,西欧出现了多次对异教徒的血腥迫害,包括有一段时期对犹太人的迫害,从这一点我们也可以看出,西方宗教缺乏包容性)。西欧人也是一个对罗马辉煌传统茫然不知的民族。在与地中海世界其他地区进行贸易和文化接触过程中,西欧地位难以维系,其在许多方面的发展也明显滞后。穆斯林作家在写到欧洲人时把他们视为野蛮人,认为他们没有先进的思想文化生活。一位 10 世纪的阿拉伯地理学家曾这样写道,"他们体型很大,行为粗鲁,反应迟钝,口音很重……居住在最北边的人是最愚笨、粗野和野蛮的。"一方面,西欧人高傲、不包容;另一方面,西欧人发展明显落后。这两者是如何融合起来的呢?

　　我们通常在研究西方文明过程中提及这些观点。它们构成了中世纪——辉煌古典时期与欧洲霸权时期之间令人不悦的插曲——的部分观念。当然,它们也构成了欧洲成功扩张和中世纪中期以来旺盛活力的基础,这种景象并不完全是误导。

　　但更需要注意的是,长期的软弱和更长期的落后造成了一些持续性影响。这些影响表现在三个方面:第一,长期感到恐惧和不满足;第二,随着西方军力的增强,西方人希望惩罚西方的敌人,并从中获得更大的安全感;第三,在欧洲与其更为闪耀的地中海的邻近区域之间,对立只是表面现象,实质是欧洲人希望有选择性地模仿和复制邻近区域的先进成果,以缩小差距。

随着实力的增强,回击的愿望更为强烈。1091 年,欧洲发起了旨在从穆斯林手中夺取圣城耶路撒冷的第一次"十字军东征"。在这段时期,在赢得穆斯林对手尊重的同时,西方的"十字军"也通过血腥屠杀来表达他们对伊斯兰教的蔑视。一些"十字军"还见机行事,顺道攻击了君士坦丁堡。基督教"重新征服"西班牙的行动还要更早一些,征服者节节胜利,直到 1492 年将位于格拉纳达(Granada)的最后一批穆斯林驱逐出了西班牙。甚至在此之后,报复心理和某种还击愿望在多大程度上左右欧洲政策,我们难有定论,但很值得思考。可以理解的是,西方文明是一个很会"寻衅滋事"的文明。

在古代文明帝国崩溃之后,对模仿的兴趣使西方文明与其他文明社会联系在一起。文明作为一种人类组织形式扩展到撒哈拉沙漠以南的非洲、日本、俄国以及北欧,一些文明复制更古老、更先进的邻邦文明也是合情合理的。例如,日本就模仿中国的文字、宗教、哲学,还有其他方面的文化,且从一定程度上说,其社会组织形式也是模仿中国。俄国模仿了拜占庭的宗教和其他文化特征,还模仿了一些政治象征。

在这一进程中,西欧也同样模仿了其邻邦伊斯兰和拜占庭文明。在模仿之前,它已有一些文化积淀,例如字母。它模仿的是两个邻邦,而不是一个,这就进一步增加了灵活性。

然而,模仿进程是积极且富有成效的,其某些方面长久以来一直是欧洲中世纪史的一部分。到 11、12 世纪,许多学者和翻译家都到位于西班牙的穆斯林托莱多(Toledo)和君士坦丁堡这样的城市工作,以求获得科学和哲学方面的有效材料。这些著作大多用古希腊语写成,还有一些用阿拉伯语和犹太语写成,分布在西班牙和中东的许多地方。这并不是简单地处理一笔古代遗产,还是向更先进的邻邦文明学习的过程。尽管当西方学者开始讨论信仰和理性时,他们更多地引用了前基督教时代亚里士多德的言论,但他们也严重依赖像阿拉伯思想家阿维罗伊(Averroes,即伊本·鲁世德)这样的非基督徒的理论。类似的,引入阿拉伯医学(部分源于古希腊)对欧洲新医学的诞生也至关重要,因为其这方面古典时期的遗产已消亡了。

西方对外国科技的涉猎也需要注意,甚至需要进一步强调。通过与阿拉伯人或中国人的接触,西方人引入了指南针、天体观测仪、更精密地图、印刷术、纸牌、火药及其他发明,在13、14世纪,当蒙古人控制着中亚和东亚土地时,大量西欧人出于进一步模仿、贸易、传教等目的到这些地区游历,其最开始到中国游历的原因之一就是直接效仿学习那里先进的社会模式。马可•波罗的游记就为读者呈现了许多当时中亚、东亚社会远胜于欧洲的成果。这一新著作可以激发西方人对东方更大的好奇心,也会使他们滋生自卑感。

在西方人对新技术充满热情的同时,他们对各种外国奢侈品也充满着渴望。"十字军东征"最终失败了,但在此之前,许多欧洲贵族在中东停留了一段时间,并在那里了解到了香料、食糖和其他彰显高贵、富裕生活的材料。通过贸易持久获得这类材料是西欧发展经济的重要动机。通过与中东和北非的接触,西方人还引入了新的烹饪方法,这促进了西式烹饪在意大利的诞生。像冰冻果子露这样的美食就是从伊斯兰文明引入的,而包括新品种小麦在内的许多重要新食物也被引入欧洲。原种植于北非的小麦现被引入欧洲,且被证明非常适合做意大利面。

除了风俗以外,西方人在其他方面也进行了模仿,他们也知道,要达到其邻近地区文明的水平,还有很长的路要走。西方商人到中东地区(以获得大部分亚洲产品)学会了新的商业方式,包括更先进的会计和金融流程体系。他们还模仿穆斯林上层阶级的生活方式。在15世纪,当商人雅克•科尔(Jacques Coeur)在法国城市布尔日(Bourges)建造他的宅邸之时,他安装了他在中东所见的引水系统,还引入了其他外国便利设施。

从更宽范围上看,西方建筑和结构工程也受到了穆斯林宗教建筑的影响,尤其是用于召集祈祷者祷告的尖塔设计,它构成了新哥特式风格——古典时期之后西方的主要建筑形式——的元素,象征着中世纪的繁荣,也通过高耸的建筑表达了对上帝的虔诚。在与穆斯林上层阶级的接触过程中,新的礼仪观念也在返回的"十字军"、商人,甚至之前的奴隶和囚犯中得到传播。

一些学者也注意到了穆斯林法律对西方的影响,尤其是商业法和国际法。现在,西欧可以使用更健全的法律制度,尤其是在那些刚拓展出的领域。保护旅行商人的法律源于伊斯兰文明，保护某一类人，如老人或小孩等的法律也是如此。随着西欧人达到了伊斯兰文明的伦理道德水平高度，模仿再次取得了成功。但这一切丝毫不减欧洲人在宗教上对伊斯兰教的蔑视以及对伊斯兰文明的恐惧。有趣的是，欧洲人不仅对中东有形的实力或物质水平感兴趣，而且对中东一些无形的生活方式也很感兴趣。

55

显然，欧洲在中世纪的主要进步在很大程度上源于外部因素，而这一点也不会有损"西方成果"观念。在人类事务中接受外来观念并不是人类自有的特性，从这一点上说，欧洲人和日本人一样在这一过程中逐渐适应，这对西方文明的发展起到了很大作用。不过，西方文明课程传统极力弱化模仿进程（不是完全忽略），更多地强调古典文明的复兴，而不是对伊斯兰文明的借鉴。

异乎寻常的是，尊重和蔑视交融的情况贯穿了整个模仿进程。日本最终决定不再效仿中国，的确，当中国遭到蒙古人入侵而日本幸免于难时，它已试图超过中国这个曾经的文明导师。但除了 16 世纪 90 年代，其发展进程只是对 14 世纪末的社会关系稍有改变，毫无进取精神可言。相比之下，西欧怨恨并攻击它所模仿的文明，这也反映了西欧内部的分歧：学者们模仿，甚至推崇伊斯兰文明，而宗教领袖们却敌视它，商人们则希望通过削弱君士坦丁堡（伊斯坦布尔）来获益。这种心理确实有点矛盾。

在中世纪结束之时，欧洲体制在很多方面都发生了很大变化。这一地区不再遭到入侵。而 13 世纪以来一系列寻求到达亚洲新路线的探险证明，它有着不断增长的扩大国际交流的愿望。然而，它落后的经济并没有完全振兴；它的不安全感和愤恨情绪也没有完全释怀。这是不稳定的综合因素，它必将进一步影响进入新历史阶段的西方文明。

延伸阅读

Jerry Bentley, "Cross-Cultural Interaction and Periodization in World History", *The American Historical Review* 101（1996）: 749-770; Archibald Lewis, "The Islamic World and the Latin West 1350-1500", *Speculum* 65

（1990）: 833-844; Manfred Wenner, "The Arab/Muslim Presence in Medieval Europe", *International Journal of Middle East Studies* 12（1980）: 59-79。

一则夸大西方科学的有趣评论，参见: Dick Teresi, *Lost Discoveries: The Ancient Roots of Modern Science-from the Babylonians to the Maya*（New York: Simon & Schuster, 2002）。

第三部分

西方的崛起（1450—1850）

57　　毫无疑问,在 15 世纪晚期,随着新航路的开辟、非洲海岸的发现以及大西洋的穿越,西方在世界中的位置开始发生戏剧性变化。西方的本质也明显发生了变化,这部分是因为它在世界中的新位置。而且,受关于西方活力和弹性,以及关于北美与西方文明的欧洲心脏地带联系的主要课程影响,对美国学生来说,他们对这种变化的一些方面极为熟悉。

　　这一部分的各章并不打算完全推翻传统观点,但它们确实在寻求一些变化提出一些关于变化原因的问题,探索一些由西方的成功造成的关于西方地理延伸的新事件。这几章还将使我们注意到,一些我们熟悉的变化是逐渐发生的,并非如我们通常所想的那样。"西方的崛起"不是一蹴而就的,早期不好的历史残余仍将存在相当长的一段时间。此外,由于一些关键的进步与发展成果直到 19 世纪中期才体现出来,我们就通常将 1450—1789 年这段时期定义为"近代早期"。

　　许多课程计划都致力于展现世界史的主要特征,但由于对西方历史的特别关注,它们在涉及近代早期历史时便方寸大乱,本来对全球各区域历史一视同仁,突然就完全变成了西方历史,似乎世界其他地区没有历史值得保存,抑或是其历史都是由西方引起的。

　　例如,加利福尼亚州为六年级和七年级学生开设了世界史的引导性课程。针对六年级的课程就集中在近代早期,它将希腊人和希伯来人视为"西方观念"的主要奠基人,但我们知道,这种观点只在某些方面具有说服力。早期的印度文明和中华文明被置于"西方接触东方"

的框架之下,这是一种误导,它暗示着亚洲渴望与西方接触,但实际上,当西方分崩离析时,东方仍牢不可破。七年级课程有一个好的开始,它重申了罗马的衰落,之后又对伊斯兰教的兴起给予了适当的关注(它认为"古希腊思想"催生了伊斯兰文明的理性主义,这是严重且荒谬的错误)。尽管该课程仍将这段时期称为"中世纪",但它对非洲、美洲以及中国和日本历史都有所提及。实际上,它讨论中世纪欧洲时异常简洁,且很具批判性(它有相当大的篇幅叙述欧洲人对犹太人长期的迫害,以及西班牙的基督徒对穆斯林的侮辱)。

但在之后涉及欧洲文艺复兴、政治变革和科技革命时,世界史突然就变成了西欧史。在欧洲经历了古典文化复兴、新教改革和现代科技革命之后,它走向了一个更大的舞台,尤为值得一提的是地理大发现时代,对美洲的征服,18世纪的开明专制及其对西方未来政治思想造成的深远影响。对于西方在美洲大陆所作所为的任何指责可用西班牙语描述为"掠夺和毁灭当地文化"(Plunder and destruction of native cultures),但这些完全可被英国于1588年打败西班牙"无敌舰队"、1689年通过《权利法案》,法国颁布《人权宣言》,美国宣布《独立宣言》等历史事件抹掉。这就是近代早期的历史:世界其他地区要么无所作为,要么带着敬畏的心情看着西方所取得的成就,并等待欧洲人得暇驾临。毫无疑问,这不是近代早期的世界,也不是西方文明所处的更复杂地区。这也是为什么甚至对一些类似的进步也需要作简要回顾的原因。

第七章

成为一个新全球角色的原因

11、12 世纪,西欧开始显示出获取新领土的热情,"十字军东征"就是很好的证明,只是他们在占领耶路撒冷后并没有持久地保持胜利成果。更为明显的迹象是德意志移民的东移,他们最后定居在现今德国东部部分地区,以及波兰和一些波罗的海国家。

甚至在更早的 10 世纪,维京冒险者们就穿越大西洋,到达了格陵兰岛,后又到达北美,将那块土地称为"温兰德"(Vinland)。在那里,他们遭到当地土著居民的阻击,由于当地土著居民的武器装备足以阻止他们前进的步伐,且他们也找不到任何取得进展的迹象,最后无果而终。但他们成功地在格陵兰岛和冰岛定居下来。大部分维京人不是在入侵西欧,而是在参与俄国西部地区与君士坦丁堡间的贸易,因此他们"绕过了"西方文明。

早在 1291 年,意大利维瓦尔第(Vivaldis)两兄弟,乘两艘帆船从热那亚出发,经直布罗陀海峡西行,寻找前往南亚和东南亚香料产地"印度"的西部航线。之后,我们就再也没有听到关于他们的消息了。在 14 世纪早期,热那亚人发现了位于南大西洋的加那利群岛,那里的居民仍然以狩猎和采集为生。自古典时期以来,欧洲人只隐约知道该群岛的存在,但在之前并未与之有过接触。到 1351 年,热那亚航行者还到达了马德拉群岛,甚至可能到达了更远的亚速尔群岛。之后不久,西班牙船队沿着非洲海岸线一直向南航行,到达了现在塞拉利昂(Sierra Leone)。尽管当时非洲—欧亚贸易线被中东人控制,但这一切还是发生了。在 15 世纪 30 年代之前,中国的伟大航行进一步推动了海洋贸易的发展,他们的船队穿过印度洋直接到达了非洲,在这种航行后来被中国皇帝终止后,欧洲人才开始在大航海时代扮演更重要的角色。

在 15 世纪,被称为"航海家"的葡萄牙亲王亨利资助航海家们沿非洲海岸继续向南,以寻找通往亚洲的海上通道。通过一系列的航海行动,这一意图终于在 1498 年达成,瓦斯科·达·伽马绕过非洲南端的好望角,成功到达印度。加之哥伦布于 1492 年起航,最终发现美洲,欧洲人完全具备了对世界贸易施加影响的条件。

在欧洲还很贫困的时代,欧洲人最初的航海活动费用非常高昂,他们希望通过航海活动寻求财富,但一开始所获甚少。他们的航海活动也是极其危险的,维瓦尔第兄弟就是一个例证。在大多数欧洲人都相信地球是一个平面的时代,驾船驶入地图上未标示出的海域需要极大的勇气。

问题是,什么激励了他们?怎样才能给出最完美的解释呢?

前文已经提到的两个因素,即商业和宗教是两个重要的原因。此外,可能还有一个原因被我们忽略了。航海活动是欧洲商业发展的一部分。许多意大利人牵涉其中是由于他们参与地中海地区亚洲商品贸易的商人角色,以及获利愿望和商业头脑;葡萄牙人和西班牙人牵涉其中不仅由于地理因素(他们所在的伊比利亚半岛延伸入大西洋),还因为当时穆斯林刚被驱逐出去,统治者有强烈的传教愿望以及探险热情。至于冒险者们对传教有多大的热情,我们不得而知,虽然在传教职责上,他们说得比做得多,但传教热情肯定是存在的。

和征服拉丁美洲的许多西班牙征服者一样,许多个体冒险者都深受故土观念限制。他们首先寻求的是利益,这或许与更为兴盛的商业传统有关,抑或反映出他们个人的渴望。而且,他们的基督教观念主要是用他们选择的任何方式对待非基督徒,这是欧洲人在与犹太人、穆斯林长期对抗过程中留下来的遗风。但这些强烈的个人动机并不能说明就没有包括持续的传教热情在内的其他更主要原因了。

欧洲的扩张浪潮并不是迫于人口压力,这与之前德意志人东移至波兰等行为形成了鲜明对比。一般而言,迫于人口压力而扩张的可能性是有

60

的，但对于这次扩张并不适用。受鼠疫影响，欧洲人口在航海探险初期是
呈下降趋势的——这使探讨欧洲扩张的原因更为有趣。

那么，为什么欧洲人会采用如此新颖、出众、能产生极大后果的方式
去冒险呢？

除了中世纪文本中的一些选择性因素外，还有一个传统的解释。西欧
正在发生着急剧的变化，尤其是一种新的精神在文艺复兴中的意大利兴
起，这种精神就是追求现世的成就。它看到了人类无限的主观能动性。特
别热衷于西方的历史学家尤金·韦伯（Eugen Weber）在 20 世纪 70 年代写
了一本杰出的现代欧洲史著作。他在书中指出，这种精神导致了新技术的
发明，"极度想象力"的发挥，并激发了"生动、活泼、创新"的意识，这充分
表现在艺术、音乐等领域的新形式上。这种精神会很容易传染商业领域，
当然，也会激励航海探险事业，使之在诸如更精准地图等工具的辅助下迅
速发展。因此，首先是西方文化出现了一种新的生机——不久便成了西方
特色，之后西方的航海探险活动便开始了（这是韦伯的观点，对此，我们在
下一章中有细致叙述，使其前后隐晦但完全偶然的联系相当明确）。

的确，如果不是有勇无谋，探险家们应该算是勇士了，他们大多来自
意大利。但为什么他们在文艺复兴之前就已开始冒险？为什么探险中心
在西班牙和葡萄牙这两个当时不是，且永远不可能是文艺复兴精神坚实
壁垒的国家呢？

另一位杰出历史学家帕尔默（R. R. Palmer），有一本版本更新，论述更
成功的伟大著作。该书在回避直接讨论原因的同时又提供了一种更发散
的思维方式。在该书第九版中，帕尔默和他的同事强调，虽然西方在技术
上落后于东方，但能在短时间内赶超。更尤为明显的是，在探讨航海探险
活动之前，他们专用一大章的篇幅叙述欧洲在 16 世纪的变化（很明显，西
方的航海探险活动是在这些变化之后开始的）。在这一章中，他们不仅强
调与新教改革同时进行的文艺复兴（没有针对自信和个人主义精神的夸
张言辞），而且还强调伴随着 16 世纪"新君主"——比之前中世纪君主拥
有更多实权的君主——出现的新政治风格。它明确暗示，由新的、后中世
纪的因素所提升的西方力量是唯一需要被考虑的因素。西方，或者说仍在

发展的现代西方日益充满活力,是广阔世界中一个不断发展的地区。

　　涉及年代学和地理学的问题尚且不论,这里还存在另外两个问题。第一,整个航海探险浪潮都建立在新科技的基础之上,正如另一个历史学家卡罗·奇波拉(Carlo Cipolla)所说,航海探险得益于枪炮、船只以及导航设备。在1492年之后的两个世纪里,除美洲地区外,欧洲军舰开到哪里,欧洲势力就伸向哪里。在亚洲和非洲,欧洲人不断侵占一些被视为海军战略要地的港口和岛屿,并且他们控制了大部分海洋贸易,甚至是那些欧洲商品和市场并未涉及的地方。但他们没能深入亚洲和非洲内陆地区。美洲地区是个例外,那里长期与世隔绝,居民不使用金属制品,没有马匹,且受外来疾病影响导致人口锐减。

　　一些核心新技术是从哪来的呢？需要强调的是,它不是来源于欧洲人的技术天赋或新的世界性精神。海军技术进步源于阿拉伯知识和中国技术。指南针是被直接引入欧洲的。新航船是基于阿拉伯技术设计制造的——当然,一些额外的技术革新也必不可少。火药的获取也很关键,这一物品源于中国,很可能经阿拉伯人之手传入欧洲。此外,欧洲人也熟练掌握了引入的技术。得益于铸造教堂大钟的经验,欧洲人学会了铸造大件金属制品,这显示出了历史偶然性:没人会想到铸造教堂大钟的工艺日后可用于军事。在一个好战的社会里,欧洲人到14世纪用铜和铁铸造了枪械和火炮。至此,火药在欧洲人手中有了比在中国人那里更大的用处。

　　然而,我们在这里很难发现任何文艺复兴的精神,尤其是在早期对其他文明的技术进行模仿的时候。引入新技术需要技巧和变通。许多文明社会避开枪械和火药,只是因为它们对这种刻板的技术革新存在文化抵触情绪,或是担心这些技术对依靠古老冷兵器作战方式建立的既有社会结构产生影响。在日本,这种对社会结构的顾虑旨在保护封建武士的社会地位,它最终使日本人丧失了模仿欧洲枪械技术的兴趣。但欧洲人能够引入并灵活运用外来核心技术很难反映出标榜个人主义和文化传承的文艺复兴文化。

　　而且,除强烈的获利动机和军事动机外,这股航海探险浪潮还以欧洲长期存在的弱势更弱为代价。除技术模仿外,欧洲真正的崛起需要努力解

62

决困难,而不是宣扬进取心和个人主义等特殊文化。

首先要解决的问题便是我们今天所说的贸易逆差问题。欧洲贵族喜爱来自亚洲的从香料到丝绸等各种奢侈品,这类产品贸易量不大,但价值不菲。欧洲人很少有产品可回销亚洲,其产品制造水平不及亚洲,尤其是在优质产品方面。他们没有特殊商品和获利来源。将欧洲人作为奴隶卖到中东的情况可能仍然存在,但其交通运营网络没有东非奴隶贸易完善。稀有金属是欧洲进行支付的唯一媒介,但欧洲次大陆金矿储量不大,银矿储量也很一般。

1498 年,瓦斯科·达·伽马到达印度,他只带了一些粗糙的铁制品和布料,这反映出了当时欧洲的生产力水平。当时主导印度西海岸贸易的穆斯林商人会对任何潜在对手感到不满,但他们嘲笑达·伽马的这些货物毫无用处。如果达·伽马没有携带一些黄金,那么他将无法购得一些印度香料回国——这次回国证明了葡萄牙—印度常规贸易联系的潜在重要性。总而言之,现在存在一个严重问题,即在常规贸易条件下,欧洲人拿什么换购亚洲优质商品。

这也解释了为什么欧洲人对黄金如此热衷。他们贪婪成性,轻信财富唾手可得。因此,他们深入非洲和拉丁美洲,渴望发掘那里大量等待开发的财富。当没有发现黄金时,他们通常会转向我们现代所说的进口替代品。一开始,他们在加那利群岛和马德拉群岛这样的地方生产糖,以减少从亚洲的进口。当缺乏劳动力时(这通常是因为无意识引入但很具破坏性的疾病的影响,这些疾病最开始传入大西洋的岛屿,后来又传入美洲),他们又到西非掠夺奴隶。在今人看来,没有任何理由可证明这种贩奴行为的正当性,当时欧洲人面临的严重经济困境或许可解释为什么他们会如此不择手段。

欧洲人通过探险要解决的第二个问题便是打破穆斯林商人对优质商品的垄断。这部分是由于经济原因,部分是由于宗教原因。虽然欧洲商人们在与穆斯林商人的交易过程中获利颇丰,且在地中海商圈中日益胜过穆斯林商人,但从根本上说,穆斯林商人还是略占上风。穆斯林商人把持着来自亚洲的贵重商品供应,是他们将这些贵重商品带到埃及和中东的港口,然后在那里与欧洲商人交易。这种中间环节造成的额外成本会导致欧亚间贸易逆差进一步加大。而且,这里还涉及宗教问题,毕竟欧洲人在贸易中严重依靠有着异教信仰的商人。

随着"十字军东征"以失败告终,西方文明与伊斯兰文明的关系进一步恶化。虽然 1261 年最强大的伊斯兰哈里发政权崩溃,同时又面临蒙古入侵,但中东经济还是在一个世纪内就恢复过来——当时正是欧洲人开始热衷于航海探险的时期。自 1398 年以来,穆斯林以马六甲海峡附近,现被称为印度尼西亚的地区,为香料出口中心,进一步推动了印度洋贸易的发展。与此同时,新的伊斯兰政权土耳其王朝(不是阿拉伯王朝)建立。1453 年,在西方基督徒对拜占庭的求援置若罔闻情况下,土耳其王朝攻克了基督教的坚强壁垒君士坦丁堡,至此声名远播。这些都说明,伊斯兰文明的复兴不是没有可能,这也促使欧洲人摆脱在亚洲贸易中的束缚。西方文明与伊斯兰文明关系恶化的一个标志是欧洲人不再模仿伊斯兰世界的先进成果,穆斯林也长期忽视欧洲人的进步(在下一章中,我们将看到,欧洲人对伊斯兰文明思想文化成果的借鉴至少延续至 15、16 世纪,只是欧洲人并不承认罢了)。

需要额外说明的是,西方人对中东文明的厌恶并不包括对郁金香或地毯之类消费品的抵触。到 17 世纪,西方人又开始从阿拉伯人那里引入喝咖啡的习惯,并且有一段时间和他们的中东先驱者一样,以男性为主。

欧洲贸易状况与中国这样的强权大国形成了鲜明对比。中国也进口一些物品,如某种茶叶,但中国可用一些产品进行交换,如丝绸和陶瓷等。欧洲甚至可以同撒哈拉以南的非洲进行对比。像欧洲一样,这一地区长期充当着模仿者的角色。它与北非和中东贸易联系密切,但处于明显不利的地位。然而,它们有足够的货物进行交换,如盐、黄金、奴隶以及其他商品,在交易过程中没有形成明显的贸易逆差。而且,许多非洲人领袖都是穆斯林,他们与阿拉伯地区的穆斯林交易时并不会感到不适,也没有必要像欧洲人那样愤恨这种带宗教色彩的经济依赖。

当然,其结果是,欧洲人需要探险,以开辟新的贸易路线,这也激发了他们新的活力。相比之下,贸易模式更为固定的非洲人就缺乏航海传统。欧洲人对航海——从弱势入手,而不是从新力量的高傲感出发的事业——的依赖程度长期主导了西方的浪潮。

1502 年达·伽马第二次到达印度,他并没有带来新货物,但这一次,他带来了 21 艘战舰。他决心压制伊斯兰商人,强迫他们进行交易。由于在故土长期与伊斯兰军队苦战,达·伽马和他的军队一点都不为他们的残暴感到内疚。城市和船只被毁,囚犯被屠戮和肢解,肢体或被带回家作为战利品,或被带到印度其他地区成为新势力到来的象征。这种氛围反映了宗教仇恨情绪,甚至反映了一种心烦意乱的自卑情绪,表现得完全不像拥有更自信的西方文化并引以为傲的欧洲人。

由于海军力量不断增强和对不确定性的探索,欧洲探险家们不断探索新区域。哥伦布尖刻地指出他在加勒比海遇到的当地人不穿衣服,没有武器。但看过位于墨西哥的阿兹特克城市的人无不对它们的壮丽赞不绝口,欧洲城市根本无法与之相提并论。非洲的情况也是一样,欧洲人通常对那里皇宫的宏伟印象深刻。在相同背景下,前往印度和中国的传教士通常都被当地化了,这不是说他们丢掉了基督教信仰,而是说他们融入了当地文化。有时候,这也是一种使当地民众喜欢基督教的策略,但一般情况下,它显示出的是亚洲服饰、道德规范和生活方式的吸引力。但即便在表面上对此有所推崇,欧洲人在攻击亚洲人、奴役非洲人时丝毫不感到内疚。军事技术优势和贪婪之心使欧洲人的开拓活动异常残酷,一些在这一进程中获得更高成就的人则使情况变得更糟。

随着时间的推移,欧洲人取得了更大进展。到 17 世纪,尽管欧洲依靠微薄工资赖以为生的人群在增加,但欧洲财富在迅速增长。当工业革命还未开始时,海外市场的拓展和本土财富的增长促进了冶金业和纺织业的发展。总体来说,欧洲在技术上不再逊于亚洲,后者的发展速度无疑受到了挑战。最终,欧洲产品的质量有所提高,例如,室内陈设产品远销海外,备受美国农场主和俄国贵族青睐。

然而,由于欧洲人对亚洲商品的需求不减,贸易逆差仍然存在。在 17 世纪,欧洲人对中国瓷器非常喜爱,以至于中国和瓷器在英语中是用同一个单词表示的。随着欧洲商品资源的增加,如何偿付亚洲货物的问题有所缓解，但没有彻底解决。

正如世界史家们近期所强调的，这就是为什么从新世界输入白银最多的国家不是西班牙、法国或英国等殖民国家，而是中国的原因。尽管不具备西方那样的侵略性和商业导向性，但中国，甚至印度仍然在制造业上保有优势，尤其是在核心工艺产品方面，并且，它们在没有海外殖民地的情况下获得了大量海外收益。欧洲人带来美洲的白银，他们要么直运送到中国澳门，要么运送到菲律宾，再由中国商人用亚洲货物与之交换。殖民地白银在手，贸易逆差问题没有航海探险之前那么严重了，但逆差仍然存在，尤其是与中国的贸易逆差一直持续到 19 世纪。

从某种意义上说，这一点都不奇怪。权力平衡的完全反转需要很长时间，而欧洲在过去三个世纪从弱势变成强势已是不可思议的转变。受西方中心论的影响，整个过程现已模糊不清。西方中心论的假设是，随着西方的持续发展，文艺复兴开始绽放它的光芒，其他文明都被埋没在尘埃之中，受传统、故步自封所累，并逐渐衰落下去。事实并非如此，我们所想象的西方也需要修正，没有必要彻底颠覆，但需要进行调整，使之最终更符合近代早期的历史。

当然，最后成功打开中国大门的不是欧洲人的产品，而是在欧洲强势海军力量保护下的鸦片。

说到这里，相比中国所占美洲白银的巨大份额，我们涉及了我们更为熟悉的领域。众所周知，在 18 世纪末，当一名英国公使出访中国时，他被要求承认和尊重中国皇帝的权威，并因中国对"西夷"的商品没有任何需求而受尽嘲笑。然而，40 年之后的 1839 年，英国人通过武力迫使中国对产自印度的鸦片的态度从抵制转向进口，从而第一次打开了中国市场。鸦片贸易的实际效果远超过其象征意义，因为英国人发现，这种商品是一些中国人需要依靠英国商人供给的第一种商品。最终，鸦片被证明是整个 19 世纪世界贸易中最赚钱的商品。

需要重申的是，这是我们经常听到的故事，与西方价值观无关。而提到中国时，它通常被解释为故步自封、闭关锁国，这种境况只有通过武力才能改变。真实的情况是，中国经济仍保持着旺盛活力，甚至在西方对华贸

66

易顺差之后的数个世纪内仍是如此,只有军事高压和鸦片贸易才能最终改变这一形势。

欧洲探索新世界的背景因素十分复杂,不能单纯地去寻求标准答案。这种复杂性有助于解释欧洲人的最初本质和动机,而各种因素也能勾勒出一幅令人难忘的肖像画,其影响一直延续到了 19 世纪。这些部分源于更新、更自信的西方文化的可能性还是有的——这里涉及一个鸡和蛋的问题,而且这一问题在意大利以外的欧洲地区表现得尤为突出:作为世界贸易中新崛起的角色,欧洲获得了一些成果,而欧洲新文化和政治模式是在此之前产生的,还是在受此影响之后产生的呢?

毫无疑问,早在 1850 年,即在欧洲主导贸易平衡之前,欧洲人就希望成功重构这个世界。正如我们已经看到的,尽管对来自世界各地的特殊商品仍有极大需求,但欧洲模仿其他文明的行为在很大程度上停止了。宏伟城市和宫殿也不那么令人惊叹了。到了 18 世纪的启蒙运动,"高贵的野蛮人"(noble savage)这一概念兴起。像美洲土著这样的原始人都被描述成拥有许多美德的人,而这些美德正是文明的欧洲人所缺失的。但这只是一种修辞手法,并不是欧洲人对其他地区的真实评价,其屈尊俯就之意远胜过称颂赞誉之心。

欧洲人的傲慢态度与日俱增的重要原因之一就是其科技进步。随着欧洲人开始确信他们的科技优势,他们便以科技为基础对其他文明指手画脚,并攫取自己所需。这不仅是针对与他们差距甚远的美洲,还针对中国,以满足他们的虚荣心。大约在 1700 年,一位基督教传教士悲叹:"没有中国皇帝的特旨,中国不可能除旧立新,他们所拥有的古代陈旧事物远比现代完美新生事物要多。他们不像我们欧洲人那样对新生事物充满着热爱。"西方不仅在世界中的地位发生了变化,其对世界的态度也发生了改变,关于这一点,我们即使在现在也能感受到。优越感和将科技作为衡量社会文明的标尺成为西方文明的附加内容,即使在西方抹平与亚洲的差距之前。

一些世界史家试图将日益称霸的西方与曾在某方面占主导地位(就非一欧亚地区而不是全球范围而言)的中东伊斯兰世界进行对比。作为西方的抨击者,他们指出,西方远不如伊斯兰世界那么宽容,欧洲人一直对非基督徒十分残暴,坚决要求被征服者改变,以符合西方的文化和法律规范。他们还指出,西方唯利是图,尽可能地从殖民地攫取财富,又自我美化,假装公正。他们主导的比中东奴隶贸易更恶劣的大西洋奴隶贸易和美洲奴隶制度就是例证。

　　实际上,这些评价令人难以接受。穆斯林也进行剥削。阿拉伯人在7、8世纪征服中东和北非的主要动机是贪婪,而不是传教。西方也能对其他宗教长期持宽容态度,就像英国人在印度所做的那样,他们甚至找到了从宗教经济中获利的更好方式。然而,这种比较仍然十分有趣,相比一些自我恭维的评估,这种评估是在考察西方不断增强的世界性力量,或是在认识美化西方文明过程中一些简单的疏忽。

　　然而,不可否认,西方的崛起是以造成一系列严重经济问题为代价的,这些经济问题使世界贸易和殖民活动深深地打上了西方的烙印。弥补过去的缺憾是一个强有力的目标,而且它被强加了西方标准。同样不可否认,稀缺技术对西方的崛起意义重大,也在西方的自我评估中备受关注。西方想通过称颂文艺复兴中的人文素养、强调新文化的重要性来掩饰其日益滋长的称霸世界的野心,但考虑到其他更基本的因素,文化范围不宜过分夸大。当然,这也不是世界其他文明在与西方文明的接触中希望看到的。

68

延伸阅读

R. R. Palmer, Joel Colton, and Lloyd Kramer, *A History of the Modern World,* 9th edn（New York: Knopf, 2002）; Eugen Weber, *A Modern History of Europe: Men, Culture, and Societies from the Renaissance to the Present*（New York: Norton, 1971）。

　　关于西方科技,参见: Carlo M. Cipolla, *Guns, Sails and Empires: Technological Innovation and the Early Phases of European Expansion 1400–1700*（Manhattan, Kan.: Sunflower University Press, 1965）; Michael Adas,

Machines as the Measure of Men: Science, Technology and Ideologies of Western Dominance（Ithaca: Cornell University Press, 1989）; Archiblad Lewis, "The Islamic World and the Latin West, 1350-1500", *Speculum* 65（1990）: 833-844; Janet L. Abu-Lughod, *Before European Hegemony: the World System, A.D. 1250-1350*（New York: Oxford University Press, 1989）; Immanuel Wallerstein, *The Capitalist World-Economy: Essays*（Cambridge [Eng.]; New York: Cambridge University Press, 1979）; Andre Gunder-Frank, *Reorient: Global Economy in the Asian Age*（Berkeley: University of California Press, 1998）。

第八章

西方的转变

近代早期(从 1450 年到 18 世纪)一直被视为西欧发生巨变的时代。的确,这种变化通常是教科书的浓墨重彩之处,这使它们忽略了世界其他地区。本章也会诠释一些我们熟知的西方历史事件,但在此过程中会表达另外三种主要观点:第一,帮助读者既见树木,又见森林。各种变化细节通常会使我们对正在发生的主要转变模糊不清。相应的,我们也很容易在整个过程中对"什么是西方"的问题失去认识,因为这涉及与文明形成时期的联系。第二,强调将社会特征融入对西方政治文化的界定中——寻找可帮助整合新历史领域和我们更熟悉的西方文明课程领域间的一些联系,并辩称有声历史与更复杂形式的西方文明课程应该一致——是从近代早期开始的。第三,我们不禁要问,所有这些转变(自 17 世纪中期以来转变速度更快)对世界中的西方产生了什么影响,包括西方如何看待世界以及世界如何看待西方。毫无疑问,当时西方发生着比世界其他文明社会更为迅速的变化,但这并不意味着我们应该放弃其他所有文明,只惊讶地看西方如何脱胎换骨,让人耳目一新。

保守观点认为,近代早期西方的贡献在于开展了许多特殊运动,每项特殊运动都有一个特殊名称,且每个运动都被西方文明课程支持者视为受教育群体应掌握的必备知识。的确,其后续影响是极其复杂的。

最早开展的运动是源于意大利的文艺复兴,它主要是由一批社会精英发起的文化运动,我们也可称之为政治复兴,或一定程度上的贸易复兴。

其核心文化上的复杂性在于,它徘徊于倡导创新、个人主义和谦卑地模仿古罗马遗风之间。

在 1450 年之后,文艺复兴向北扩展到更多地区,那里的文艺复兴与意大利文艺复兴有许多相同特征,但更偏于宗教层面,政治上没有大的变化,仍然奉行封建君主制。这些地区的文艺复兴一直持续到 16 世纪晚期,甚至更后时期,产生了一批像莎士比亚、塞万提斯这样的大家。

在 16 世纪,随着北方文艺复兴运动的发展,欧洲陷入了新教改革和天主教改革的大潮之中。虽然改革引入了一些文艺复兴观念,但改革在某些层面上反对文艺复兴中的世俗主义和人文主义。改革产生了激烈的宗教矛盾,并引发了许多场战争,统一的西方基督教世界至此再也没有恢复过。

与此同时,随着在海外商业中新地位的确立和美洲白银的输入,欧洲商业迅速繁荣起来,并经历了价格革命,总体来说,这进一步促进了贸易的发展。或许,这与宗教改革背道而驰,而实际上,一些改革思想家为贸易正名,甚至将财富视为一种神的恩惠。所以,尽管不可避免地有些不安成分,但经济变化与周边领域还是有一些联系的。

到 17 世纪,欧洲最主要的进展是科学革命和专制主义。科学革命建立在中世纪科学基础之上(也就是说,借鉴了阿拉伯科学),专注于文艺复兴倡导的世俗事物,不过与文艺复兴对艺术和文学的专注有所不同。新发现,尤其是关于天体运动规律的发现彻底颠覆了人们的科学方法论和世界观。之后,它又影响到了政治理论和社会科学的探索。

而在政治领域,尽管一些君主支持和资助科学工作,但专制主义在很大程度上是独立发展的。其特色在于宣扬王权,主张扩大国家职能,并使之合理化,包括推动官僚化和专业化进程。

专制理论并未获得大部分政治理论家的认同,英国和荷兰都推行了与之完全不同的君主立宪制。在君主立宪政体中,中央政府更为软弱,王权也受到立法机构的更多制约。这种政体的更替明显使 17 世纪政治更为复杂。

18 世纪的主要事件是启蒙运动。它在很大程度上是一次文化运动,强调理性主义和一些政治和经济理论。它明显建立在科学革命之上。一些君主宣称他们是公共事务的开明管理者,这至少是一种对专制主义冠冕堂皇的改良,这说明启蒙思想产生了一些政治影响。最近,有人热衷于将人类情感和现代小说的起源融入复杂的 18 世纪中去,至少在表面上,它们与启蒙运动的主题契合。现代西方最早出现的消费主义(鼓励物质消费)和早期的浪漫主义(鼓励对获取新事物的情感满足)就是源于启蒙运动。

71

从以上简要概括中,我们可以得出以下几点:第一,近代早期欧洲经历了许多曲折。从文艺复兴到启蒙运动并不是一帆风顺的,尤其是在宗教情感介入改革之后。政治议题也十分复杂,西欧各国也都各自选择了形式各异的政体。第二,西方社会不是方方面面都发生了相同程度的变化。在中世纪晚期武器和海军模式发生巨变之后,科技趋向于在近代早期改革中发挥更大作用,且成效显著,正如我们所看到的,西欧在制造业方面已领先于其他地区。1450 年改良的印刷术的引进是一次巨大变革。但考虑到大量人力、物力资源仍然主要投入在乡村经济之中,重构经济所必需的农业并没有发生明显改变,这种境况一直持续到 17 世纪晚期。之后,一些新技术在荷兰产生,随着新食物的引入、新方法的使用,一系列转变也逐渐开始。制造业的改革步伐从 18 世纪早期开始加速。与此同时,人口也开始迅速增长。但这些都更多侧重强调文化、政治和贸易,不能诠释近代早期的整体特征。最后,许多传统在转变中保持了下来,这是不言而喻的。总体来说,城镇居民所受变革的影响要大于乡村居民。贵族统治在欧洲大部分地区仍然盛行,甚至在商业繁荣之后,许多商人仍然满足于次等级的地位,或尽可能地模仿贵族们的生活方式。封建残余在政治领域同样存在,甚至在专制主义影响下索求更多权力。最终,变革效果参差不齐,前后不一。某一领域的转变(例如制造业和商业的发展)还会受到仅仅 20 英里外的邻近地区传统经济的制约。

但也有真正的改变,而且毫无疑问,这种改变自 17 世纪中期以来更为迅速。在不断探索新研究方法时(新研究方法经常前后重复),我们也没有必要贬低传统方法,因为这两种方法都有可能为我们提供一种最集中展示这些变化的方法。诚然,这种方法减少了转变中的一些细节和曲折过程,但它也向我们呈现出,到 18 世纪,西欧已成为一种不同寻常的农业文明。这种方法同样使我们明确各种变化间的联系,包括产生于普通民众之中的一些社会趋势,这些往往是被轻描淡写或被直接忽略的。反过来,这一概述能使我们回归西方历史事件,不过,这也容易使我们迷失在接连不断的历史叙述中。

72　　历史学家兼社会学家查尔斯·蒂利(Charles Tilly)在研究近代早期欧洲时提出了一种"巨变演进论"(big changes)。为使这种只关注主要变化的方法具体化,他将其一本著作命名为《大变化,大进程,大比较》(*Big Changes, Large Processes, Huge Comparisons*),虽然名称听起来有些怪异,但它传达了一种与文艺复兴以来横向看待西欧完全不同的研究方法。蒂利认为,新欧洲在形成过程中经历了两次决定性巨变,这种巨变与过去脱离,形成了新的结构框架,且大部分都在持续运转。如果用另一种方式看待这一问题,巨变演进论显示出欧洲在 18 世纪是如何从两个世纪之前的特质中进行根本性转变的。实际上,在我看来,蒂利所选的两次巨变有局限,因为还有另外两次巨变也很重要。即便将这另外两次巨变也考虑进来,我们所考虑的因素也不算多,而且,这会引导我们用另一种方式去分析西方历史这一最为复杂的时间段。

　　首先是商业在许多方面发生了最为明显的变化。无论是在国内,还是在国外,欧洲商人都扮演着越来越重要的角色。贸易兴起于中世纪,在 14 世纪欧洲爆发瘟疫的混乱时期衰退,但之后又得到恢复。文艺复兴的价值观鼓励贸易,并依靠贸易所得的财富发展更丰富多彩的文化。正如我们已经看到的,宗教改革在某些方面也支持商业活动,将之视为神的恩赐,并有时将之看成一种宗教少数派在公众生活中反对歧视的方式。贸易还衍生了许多经济现象。许多农民开始生产产品,以用于市场销售,而不单单是满足当地需求。整片地区开始专门生产独具优势的农作物。例如,在 17 世纪,法国南部地区就开始专门发展葡萄酒产业,产品销往国内外。反过来,那里所需的其他必需品则依靠进口。相比之下,没有葡萄园种植优势的其他地区就放弃了葡萄酒酿造,转而从市场采购。大量城乡居民都在家中进行手工业生产,其产品同样用于销售。他们有自己的工具,但原材料和订单通常依靠某个城市里的资本家,产品也由资本家负责投放市场销售。西方社会各个领域货币流通量激增,这是不言而喻的。所有的这一切都是欧洲在国际贸易中地位与日俱增的大背景下发生的。商人和政府领导人都认识到,生产和销售商品的商品经济比传统的自然经济更有利可图。欧洲正在挤压传统的农业社会,商业形式和动机是这种变化的主引擎。

欧洲并不是唯一商业化的农业社会。就国内贸易和市场而言,日本商业也在日趋繁荣,农业也有所发展。但欧洲商业化进程产生了两种衍生经济现象,这使欧洲商业化显得更为独特。

首先,随着商业化程度提高,社会关系发生了变化。商人在地理范围和数量上明显增加,但商人阶层的发展受到仍在社会和政治领域占主导地位的贵族阶层的阻挠。两者间的矛盾在 18 世纪末的大革命时期,乃至以后时期被完全激化,当时贵族阶层势力已开始衰落,商人的声音和价值观得到了更大范围的推广。事实上,这种转变在更早之前就已开始酝酿。更宽泛地说,社会重新分化成有产者(包括农民、商人、老工匠、地主等)与依靠出卖劳动力获取工资以维持生计的无产者两大阶层。这是与中世纪"农民—地主"关系为主的社会组织形式的主要区别,也是当今西方社会体系的萌芽。数世纪以来,这种新划分掺杂了两大阶层经济命运的差异。以工资为生的工人日趋贫困,与此同时,有产者的财富自 16 世纪以来与日俱增。与这种划分紧密相联的是一种人们对贫困的新态度(旧的仁慈观念在当时仍然残存),许多人开始认为,极度贫困是穷人自己的错,是他们酗酒、懒惰或其他缺陷所致,因此社会没有义务去消除或缓和贫困。这种观念也是一个商业化进程的结果,至今仍回荡在关于当地穷人或世界其他地区穷人过错的观念之中。总之,欧洲商业化社会的诞生比贸易的进展更为顺利。

其次,正如欧洲商业化进程在 18 世纪的发展所充分证明的那样,其在不断地向新领域推进。在整个世界舞台上,欧洲人开始使用关税等政策阻止外来商品,以促进本土商品生产。随着英国在印度获得更大权力,它限制了印度棉布的进口,以保护本土新兴工业的发展。到 18 世纪末,由于受到英国产棉布的冲击,成千上万印度人失业。随着欧洲商业的扩张,这类

73

事件在未来几十年里还会继续在世界其他地区上演。自18世纪以来,英国为主的一些国家从波兰等地的谷物进口增加,因为那里的农村状况不佳,劳动力便宜。在西方社会的核心部门,商业活动与农业间的博弈越来越有利于前者,而且这种状态还会持续。在18世纪,商业扩张还促进了西欧许多地区现代消费主义观念的诞生。商店数量不断增加,店主也在经营策略上不断创新。广告诱导人们购买新产品。时尚风格经常改变,而人们则希望在衣服和家具上紧跟风尚潮流。商店将一些商品亏本甩卖,但这么做会招揽顾客购买其他商品。商业革新并不是大众消费主义观念诞生的唯一原因,社会变化也会促使人们获取新事物,以作为成功和自我认可的象征。两种因素综合起来富有成效,商业化再次将西方推向了世界前沿。

另一个发生巨变的领域是政治。到18世纪,封建残余仍然存在,但中央政权的权力有所增大,并随之配备了新官僚体系,与此同时,民族国家开始形成。在18世纪,这些独具特色的欧洲国家是一种全新产物,按照西方先例,进一步变革的力量也正在酝酿之中。

加强中央政权需要派遣更多的政府官员到边远地区,并引入更专业的官僚体系。于是,在一些领域,例如修筑道路、要塞或涉及火炮等新技术的军事要塞这样的土木工程领域,受过正式培训的官员逐渐增加。政府在经济生活中开始扮演更多新角色,甚至包括犹豫不决地设定贫困线。囚犯的概念也产生了,这是西方政府第一次能够用这种方式处理犯人,而不是简单地对其进行严厉的肉体惩罚。警察也逐渐开始产生。这些进步许多都是为了使运转合理化,并去更系统地思考应对问题。对于军队,欧洲国家引入了制服和军衔制度,他们甚至还建立了军医院和抚恤金制度。毋庸置疑,西方在组织方面更为审慎,能力有所提升。

人们所在的国家开始有真正的差异,这部分是由于像法国那样的国家中央政权力量增强。一名历史学家兼人类学家对一座跨西班牙和法国边界的村庄进行了研究。在16世纪,那里的居民并不在意居住在边界的哪一边,他们可以在边界线上自由穿越,最开始也只对他们所住的村庄表示忠诚。但到了17世纪,西班牙和法国开始有所区别,边防戍卫增加了越界难度。两国有着不同的法律和经济规则。伴随着诸如此类的变化,像英国、法国、西班牙等有着全国性统一政府的地区，民族国家观念开始形成。这里，我们强调的是文化认同与政治边界应该大致相同，并配有更强的国家忠诚度。在 18 世纪末以前，这还不算是完全意义上的现代国家主义，但它对国家及其与流行文化的关系进行了独特的界定。像法国那样的政府试图进行语言的规范和标准化工作，以之作为一种这种新综合体的反映。为此，法国国王还专门成立了一个研究院——法兰西学院，至今，该学院仍致力于捍卫纯正的法语。英国人开始更明确地以英国人自居，并认为是因为这一身份才获得了某些权力。虽然西方文明还没有完全进入民族国家时代——德国和意大利仍然四分五裂，与此同时，哈布斯堡家族后来还被称为跨国统治家族，但一些核心民族国家已开始形成。

　　第三次巨变与政治，甚至与商业上的巨变完全不同，因为它起源于平民。自中世纪晚期以来，越来越多的西欧人开始构建一种独特的家庭结构，历史学家将这种结构称为欧式家庭结构。这种结构有三大特征。第一，晚婚，女性结婚年龄在 25 岁或 26 岁左右，男性稍早一些。第二，特别注重由丈夫、妻子及他们的子女组成的小家庭，大家庭在当时也存在，但其成员间的纽带要更为脆弱，这部分是因为婚姻在当时并不普遍，除非新郎、新娘的父母年事已高，或已经去世。第三，大量少数族裔根本就不结婚（不过，他们也不鼓励婚外性行为）。似乎这一家庭结构的基本目的就是限制家庭子女数量，以尽快致富。

　　然而，欧式家庭结构产生了比控制人口更多的后果。它使丈夫与妻子在经济上的地位更为平等，这仅仅是因为家中很少有其他成年人帮助料理家务。两性关系仍然由男权主导。在许多国家，妇女不能学习某种技艺，而在某些国家，她们在名义上不能拥有财产。但在这种制度框架下，妇女在家庭中的工作异常重要。这就使她们得以分享一些非正式的决策权，或因提出一些被男权体系抵制的要求而造成紧张气氛。一位历史学家曾指出，这种局面的结果是虐妻事件的发生。无论如何，西方社会在两性关系上迸发出了新的火花，相比之下，这种火花在其他文明社会中就不那么明显了。

　　欧式家庭结构的后果还体现在新教改革中。在某些方面，改革不再支持男性权威;父亲被认为应该对其家庭成员的道德行为和宗教修养负责。但改革也支持婚姻,鼓励牧师结婚,修道制度被废止。到 17 世纪,新教作家开始评论男女在美好姻缘中对爱情的需求,还强调男女双方快乐的重要性,这并不令人意外。但这再次引发了不安,它促使妇女看到了参与政治权利的机会——这在英国已经发生,而当局对此极力阻挠,他们认为妇女不宜担任公众角色,应简单地按其丈夫要求行事。问题是西方的两性关系已受到冲击,且自此以后,一些人的性别观念一直受到影响,只是时代背景有所不同而已。到 18 世纪,甚至"女性天生就比男性更罪恶"的传统基督教思想都受到置疑,越来越多的人开始认为,由于女性并不涉足商业,她们实际上更有道德。虽然这种观点对女性也有限制,而且仍然伴有男权至上的观念,但它仍是革命性的,只是以一种无声的方式。

　　欧洲近代早期最后一次巨变是大众文化的变化。这一变化主要由三个因素促成。第一,财富增长和商业化进程影响了人们的价值观。例如,随着住房和装修条件改善(需要注意的是,广大工薪阶层并不具备这种条件),家庭生活受到赞美。伴随着安逸物质生活而来的是人们对文化的尊重。例如,在 18 世纪,雨伞的使用第一次在英国普及开来,有人认为这会消磨英国人吃苦耐劳的精神,而大多数人则希望不被淋湿,这就是一种文化转变。商业化进程促进了社会竞争,这就强化了人们的利己主义价值观,包括友谊在内的社会纽带也受到削弱。第二,自 16 世纪以来,印刷术的引入以及市场经济的需要促进了人们读写能力的提高。到 18 世纪,除英国北美殖民地的白人群体外,西欧具备阅读能力的人所占西欧总人口的比例比世界其他任何地区都高。虽然只有少数人涉足其中,且大部分都是男性,但的确有许多人已会阅读,或正在学习阅读。这不仅改变了人们的信息来源,而且促使人们用全新的、更理性的方式去看待这个世界。最后,科学的迅速普及减少了宗教对人们的束缚,同样也鼓励了人们用新的方式去思考。

　　变化同时发生在精英和平民阶层。自文艺复兴以来,精英阶层的言行举止更为文雅,一位社会学家称之为"文明化进程"。人们已开始认识到,他们不应在公众场合打嗝、放屁;对小孩上厕所的训练更为严格;人类的尿液曾被认为是可用来刷牙的最好物质,而到了 18 世纪,这种行为就被认为特别恶心;接吻行为也变得更为优雅和隐秘,而在 17 世纪以前,两人接吻经常会咬到对方。诸如此类的变化不仅发生在精英阶层,还发生在中层阶级,甚至下层阶级之中。

在平民之中,命名行为也发生了转变。在 1600 年,许多孩子在两岁之前都没有名字,因为小孩夭折率很高,到了被命名的年纪,他们通常会获得亲属的名字,包括死去的兄弟姐妹。到 1750 年,几乎所有的孩子都很快被命名了,而且不会使用其兄弟姐妹的名字,人们更愿意去选择小说中人物的名字,而不是家庭成员或带宗教色彩的。所有这一切都显示出人们认识和提倡个性的愿望。到了 18 世纪,人们也越来越相信爱对于孩子和情侣们的重要性。在 1600 年,当一个女性声称她永远不会爱上她的父母为她挑选的丈夫时,她只会说这是运气不好,因为当时的婚姻不是基于爱情,而是基于财产分配,但到了 1750 年,许多父母都会顺从子女的心意,即便他们不顺从,一些法院也会强制他们顺从。爱情也与日益兴起的消费主义相互作用。一个渴望浪漫的女人会更喜欢购买时装,而不是使用魔力药剂。文化的变化范围很广,而且能深入个人。

除日益增长的个人主义、新家庭价值观和文明化进程外,精英与大众的相互作用涉及第四种变化。在 1600 年,一个人如果丢失了贵重物品,就会找一个当地的巫师用魔法帮忙寻找。到 1750 年,绝大部分巫师都消失了,人们更喜欢在周报上刊登失物启事,或寻求新建立的失物招领处帮助。换言之,人们会用一种全新的方式处理机会和意外。更广泛地说,在 17 世纪早期盛行的巫术信仰开始消失,或至少转入地下。到 1700 年,上层阶级已转而反对巫术审判。虽然仍然有很多民众信奉巫术,但利用巫术害人或祈福的行为逐渐消失了,至少在公共场合是这样。

人们甚至对某种情绪的界定也开始发生变化。在 16、17 世纪,许多欧洲人赞美某种程度的忧郁,因为它显示出与尘世的分离和宗教的谦卑。但到了 18 世纪,许多人开始追求愉悦开朗。微笑开始受到赞美,这部分是因为从那时开始,较好的牙科产品已能使牙齿更加洁白。

个人的观念和行为发生了巨大变化。他们的个人主义价值观念日益深化,越来越相信情感和家庭感情生活的重要性,并日益认识到自然界是有序的,或能够被人类的远见所左右。

而且,到 18 世纪,包括家庭生活和两性关系变化在内的大众文化的转变、商业化进程的发展、民族国家的发展使西欧成了一个异乎寻常的农业社会,与过去的社会完全不同。这就引出了两个相关问题:所有这些如何重新定位西方在世界中的位置?它们又在界定西方文明过程中起到了什么作用?

重申:世界历史中的西方

从更广阔的世界角度来看,西方在近代早期发生的各种巨变引出了一些重大问题。首先,人们越来越乐于假设西方文明比世界其他文明或社会都要先进。许多变化产生的体系和价值观一直保存至今。从某种程度上说,这种体系和价值观首先兴起于西欧,由此产生的价值判断也是显而易见的。

但也有一些观点对其他文明有利。有观点认为,欧洲经历的一些变化其实在其他文明社会中早已发生,欧洲只是后来者居上而已。例如,有效的政府机构和训练有素的官僚在中国古而有之。的确,一些欧洲人也承认,中国在官僚功绩考核等领域处于领先地位(西方的官僚考核制度到 19 世纪 70 年代才开始实施)。当然,这并不是说政府的发展和合理化不算西方传统中的一次巨变,而是说西方的发展潮流在世界上并不是独一无二的。言行修养和自制能力的培养也是一样。长久以来,许多亚洲社会都很注意礼仪修养,如果按照他们的标准,西方人仍然粗俗不堪。甚至西方人对孩子的关爱都是从过去持续强调严厉训诫的观念中逐渐更正过来的,对于这种训诫方式,许多其他社会群体都感到不解,美洲印第安人都会对欧洲人掌掴小孩的行为感到震惊。需要再次重申的是,对世界来说,西方的重大变化并不总是新奇的。

还有一些变化也很重要,但并不令人满意。民族国家观念的诞生证明其不仅对西方极其重要,而且对世界历史也很重要,因为最终几乎所有地区都采用了民族国家的形式。但其结果通常是有害的,它使国家和民族间产生了新隔阂,为战争提供了新动机,引起了新的竞争,并毁坏了旧有运转良好的跨国统治体系。商业化进程和个人主义价值观的情况也是一样,至少它们很容易过度发展或推广。甚至巫术的衰落也不见得完全是件好事,因为它剥夺了许多人解释和积极面对世界的一种有效方式,而替代方式并不总是有效,至少在提供心理安慰方面是这样。(所有这些加上大西洋奴隶贸易等西方在更广阔世界中的行为决定了其他文明社会如何看待西方。)

最后要说明的是,并非只有西方在变,其他文明社会也在发生着迅速变化。例如,日本在近代早期就经历了一次重大变化。虽然中央政权仍存在封建残余,且官僚体制有所发展,但儒家思想和世俗观念得到迅速传播;教育得到推广,人们像西欧人一样正受益于文化程度提高带来的好处。我们有必要铭记,西方经历的一切并不是整个世界的历史,西方也不是唯一表现出非比寻常适应性的社会。

然而,西方的变化会不可避免地波及世界其他地区,只是这种影响主要产生于1800年以后(甚至在那一时期也很少有其他文明社会从科技进步、国家效力上看到西方的变化)。这种复杂的影响体现在三个方面。

第一,西方的变化促使欧洲人以一种全新的方式看待他们在探险、贸易、军事征服、传教行为中所遇到的其他人。按照旧观念,"其他人"会因不是基督徒或技术落后而受到批判。而现在,他们还会因家庭生活习惯或信奉异教邪说而受到批判。欧洲人开始发现,亚洲对待女性的方式应该受到谴责,非洲对巫术的信仰只是说明那里落后的又一证据。在是否能够且应该更正这种差异,将当地人提升至"恰当的"文明水平(西方水平)的问题上,或在当地人是否永远低人一等的问题上,欧洲人内部存有分歧,但有一点可以肯定,在评判世界其他地区过程中,欧洲人的自我满足感与日俱增,时至今日,这种满足感仍然存在。

第二,或部分是因为西方社会的自信与成功,当其他文明社会决定效仿西方时,西方的变化为它们提供了新目标。民族国家概念就是一个很好的例子。一些政治行为与文化联系紧密的文明社会——最明显的是中国和日本——就不得不作出重大调整,从民族国家的角度去思考问题。但到了 19、20 世纪,它们作出的调整最终导致像奥斯曼帝国,甚至俄帝国那样的多民族国家被"瓜分"了。西方科技是另一个重要新目标,日本和奥斯曼帝国甚至在 1800 年以前就已注意到这一点。其他一些目标最终也受到关注,例如西方将爱情作为男女关系的核心要素。

第三,西方的一些变化长期以来并不受其他文化欢迎,这使得模仿或相融过程更为复杂。至少在原则上,西方对女性道德的尊重就不受 19 世纪到访欧洲的日本人认可,他们认为西方女性被过度赞扬了。个人主义和重商主义也会招致敌意。

总而言之,随着 1800 年之后西方与其他文明社会进一步的互动,西方的变化在其他文明社会,甚至在同一文明中产生了喜忧参半的反响。效仿和反感是可以共存的,这取决于我们讨论西方的哪个方面,或取决于某个文明社会或个人。甚至在许多西方人认为垄断了一切现代文明标准的今天,这种复杂情况仍然会发生。

西方文明的轨迹

就西方本身而言,这些多样且深远的变化对西方传统产生了什么影响?基本的回答是,它在很大程度上改变了西方传统,但没有消除它,这意味着西方文明课程仍可界定。它无需被彻底改变,也不应该被视为已被彻底改变。

重大变化与过去存在三种不同关联。有一种关联是新建立起来的。它们成为西方特性的重要组成部分,但它们确实是变化的产物。理性观念、官僚体制国家(刚刚开始出现)之前并不是西方传统的一部分。而现在,它们成了西方的了,只是并非西方所特有。大众文化中的许多,甚至可能大部分革新也是一样。例如,西方现在开始用乐观开朗和微笑,或对女性道德品质的尊崇,或重视平民的生活必需品等进行自我界定。这些并不算一个文明的特质,而且对西方来说也是新特性。它们使西方的自我界定更为引人注目。欧式家庭结构已成为西方独特特征,它不同寻常的方面及其影响在更早期的西方模式中无迹可寻，而在现在，小家庭的观念也成了西方观念。

另一种变化也是新变化，但以前的西方特征为这些变化准备了条件。民族国家属于新观念，虽然这一观念的应用后来超出了西方范围，但它成为西方政治认同的一部分。然而，民族国家的确产生于早期西方文明的政治分裂和内战之中。有证据显示，英国人在中世纪就已认识到他们的英式风格，尤其是当他们与法国人作战的时候。法国人在 15 世纪因其独特的饮食偏好被称为"青蛙"。第一位宗教改革领袖路德在他与罗马教皇抗争时曾向德国人求助。所以，尽管民族国家和国家主义在西方文明中属于新奇事物，但它们的产生有一定基础。爱情也是一样。它在中世纪晚期被一系列文化理想化，成为大量诗歌歌颂的对象。到了 18 世纪，人们对爱情的重视在深度和广度上都有所提升，但它也融合了一些西方早期元素。消费主义对西方来说是一个新概念，而许多亚洲社会在更早时期就体现出了消费主义特征，这似乎只是因为那里的上层阶级拥有更多财富，且更注重享乐。不过在更早时期，西方对香料等进口产品的需求或在一定程度上为后来的变革铺平了道路。

最后一系列转变明确建立在西方传统之上，它也有一些变化，但处于西方文明范畴之内。这就是西方没有彻底改变的地方。

由于一些特殊发现，科学革命成为一种科学界定方式的变革，尤其是西方思想文化中科学思维的变革。

81

在西方，甚至在世界范围内，"西方科学"成为一种新标志，这是史无前例的。但这种新科学在很大程度上借鉴了古希腊科学思想——随着这种思想的复兴，它又融合了阿拉伯元素，并且对中世纪进行了反思。新科学的思想基础虽然复杂，但部分源于西方。

对于更早期的科学，我们需持谨慎态度，以防西方被视为理性思维的唯一根源。新科学革命包括了波兰修道士哥白尼的新发现，他认为地球并不是宇宙中心，而只是太阳系的一颗行星，围绕太阳运动。他还用数学运算来更正古希腊人造成的这一长期存在的错误，通过这一点，我们也可以看出，西方科学传统并非完全正确。事实上，中华文明、印度文明和玛雅文明的科学家们早在哥白尼之前就已知道太阳在太阳系的中心位置。而早在 13 世纪,阿拉伯数学家也对此进行了研究,并获得了两大发现。至于哥白尼是抄袭了这两大发现(他可能隐瞒了此事,因为借用穆斯林的成果是一件令人羞愧的事),还是独立发现的,我们不得而知。但我们必须强调科学革命的复杂关系对西方和世界历史的作用。这就是说,在西方背景下,哥白尼的发现至关重要,这些发现在 17 世纪又被其他科学家借鉴。它们显示出,传统观念能够被新思维颠覆。它们也鼓励一种理性推理与经验观察相结合的新方法,这就赋予了科学在整个西方文化中前所未有的地位。西方科学有一些独特之处,但它不仅局限于西方,而最重要的是,它建立在西方早期关于宇宙的思考、理性主义,甚至从其他地区(偷偷)模仿而来的科学上。

　　商业化进程也存在类似联系。作为个人动机和社会体系的核心部分,商业已成为西方文明的一个新特征,也是西方闻名世界的原因之一。但商业化进程可能部分源于中世纪就已出现的商人活动和商人在城市生活中的特殊地位,以及他们模仿阿拉伯商业模式的意愿。商业化进程甚至与更早期的文明存在联系,只是关联度更低,可以想象,没有这种联系,更现代化的商业体系不可能建立起来。

　　西方传统仍然存在于政治之中,它仍然为国家的权力及其运转提供着持续动力。依靠封建主义和教会的中世纪统治方式在表象上消失了。的确,专制主义完全颠覆了这一西方传统。17 世纪,法国国王坚决拒绝召开国民会议,这显示出国家权力在教会和宗教权力之上。但西方政治传统并未消亡,它仍然存在于英国、荷兰等国的宗教体制之中。17 世纪中期到晚期发生的英国内战催生了一个更趋于现代的旧式议会体制。政治理论也回归传统。虽然也有一些政治理论支持专制,但很少有相关政治理论能够为强权国家和君主不受限制辩护。当时主流的政治理论是召开议会、制定宪法,界定包括宗教权利在内的一些政府不得插手的权利,这是一种显著变化,但我们也不难看出它与西方旧有国家观念的联系。随着 1789 年法国大革命以及后来接踵而至的革命(外加美国独立战争)的爆发,理论开始被付诸现实。宪法、人权宣言、议会成为西方国家的标准构成部分,甚至在国家持续扩张之时也是如此。这就引发了不安,一些国家会不断突破限制,厚颜无耻地索求国家权力。但总体来说,西方的信念保存了下来,甚至在民族主义被证明是把双刃剑时,它也为国家提供支持,但它同时也指出,国家需要贴近民众,聆听大众的声音。

总之,到 1800 年,"西方"表现出了一系列特性,有些特性是刚刚产生的,如热爱家庭、尊重妻子和母亲的观念;有些特性古已有之,只是经过了改变或提升,如商人权力和有限政府。近代早期对西方来说至关重要,它展示了许多引人注目的革新(有时朝好的方向发展,有时朝坏的方向发展),同时保留了一些被认可的品质。同样是在近代早期,作为不断增强的全球性力量,西方具备了将西方领袖们所强调的特性与西方探险者侵入世界其他地区时的攫取权力、掠夺人口隔离开来的能力,相比外界如何看待西方,这种隔离将长期使"西方如何看待自己"这一问题复杂化。

延伸阅读

Norbert Elias, *The Civilizing Process* (New York: Pantheon Books, 1982); J. Hajnal, "European Marriage Patterns in Perspective", *Population in History* (1965); Peter Sahlins, *Boundaries: The Making of France and Spain in the Pyrenees* (Berkeley: University of California Press, 1989); Mary Hartman, *Re-imaging the Past: A Subversive View of Western History* (2003); Charles Tilly, *Big Structures, Large Processes, Huge Comparisons* (New York: Russell Sage Foundation, 1984); Colin Campbell, *The Romantic Ethic and the Spirit of Modern Consumerism* (Oxford, UK; New York, NY, USA: B. Blackwell, 1987); Keith Thomas, *Religion and the Decline of Magic: Studies in Popular Beliefs in Sixteenth and Seventeenth Century England* (Oxford: Oxford University Press, 1971).

第九章

哪些区域属于西方文明?

　　西方文明一直存在一些地理上的问题。当我们谈论古典希腊,并向东探索,寻找西方的起源之时就遇到过这种问题。

　　随着西方文明在中世纪进一步成型,一些深层次的问题也随即出现。即使西班牙地区重新被基督徒征服,它与西方又是什么样的关系呢?进入20世纪之后,当我们按照西方的标准去衡量时,情况又出现了一些变化。甚至在中世纪的西方十分重要的意大利也未完全经历过封建制度和具备其他西方标准。斯堪的纳维亚这一后来才被基督化的地区是西方文明的另一边界,它与西方有联系,但并不是西方的核心组成部分。东欧是另一个需要说明的区域。例如,波兰是天主教国家,但它远离西方核心,它完全西化了吗?边界模糊不清是界定文明时常遇的问题——无论是过去还是现在。它同样也给西方带来了一些特殊烦恼。

　　到近代早期,西方核心区域出现的一些国家又导致了另一些问题。例如英国和法国,前者信奉新教,后者信奉天主教;前者在20世纪之前一直在弱化中央权力,后者则是一个中央集权国家。它们同属于西方吗?德国呢,它不也与法国不一样吗?显然,我们必须承认西方文明内部的地区性差异,这并非没有先例,印度文明在其整个历史进程中的情况也是一样,但这显得有些散乱。

　　本章所探讨的地理问题有些不同,它形成于西方崛起之后。在近代早期,有三个不同的文明社会开始与西欧建立某种特殊联系,这种联系一直持续至今。在不同的文明社会里,历史学家和处于这一文明社会中的人都会提出这样的问题:这个社会属于西方文明吗？尽管答案可能会各种各样,但问题本身既有趣,也合理。

需要注意的是,文明所扩张的区域不仅局限于西方,最明显的例子是,伊斯兰文明不也是中东文明加上非洲社会或东南亚社会的文明吗？

就西方文明在发源地之外扩张的区域而言,我们提出了或可被纳入西方文明的三个区域:俄罗斯和东欧,拉丁美洲,还有包括美国在内所谓的移民社会。其他新近加入的社会也广泛效仿西方,但它们不宜作为候选区域,因为它们保留了许多独立传统。关于它们的问题最适合在之后关于全球化的章节中讨论,因为这些问题绝大部分都是近期产生的。

最后需要说明的是,在讨论一个社会是否属于西方文明时,我们有必要牢记,被纳入西方文明并不是我们在世界史中对一个社会的最高赞誉,与西方有所不同也不是这个社会的弱点或错误。社会或社会中的个人甚至在有机会选择的时候,他们也可理性地选择不被纳入西方文明。由于西方文明在世界上处于领先地位,它就变成了各种文明的标准,且被其他许多人认可。所以,不可否认,想在讨论可能属于非西方的东西时不带批判色彩是十分困难的,但我们必须进行这种尝试。

俄罗斯和东欧

俄罗斯是一个非常有趣的例子,当然,它主要是欧洲国家。西方文明教科书中必备的欧洲史就包括了俄罗斯历史,只是考虑到某种不确定性,它所占的篇幅很小。在另一个层面,20世纪五六十年代,当伟大的法国领袖戴高乐想摆脱美国的过度控制时,他提出了"统一的欧洲"——从大西洋到乌拉尔的欧洲——的概念。这意味着,欧洲应该确立共性,反对冷战中"铁幕"两端西方与共产主义的划分。所以,这不仅是对欧洲史学家的挑战,还是对政治决策者的挑战。世界史家常常不能确定如何处理俄罗斯问题,因为它部分与欧洲重合。

这一问题在中世纪并不特别严重。虽然当时东欧和西方一样都信奉基督教,但无论在牧师结婚问题上,还是在教会与国家关系问题上,东欧的东正教与西方的天主教都存在差异。更重要的是,当时的欧洲贸易在很大程度上是南北贸易,而不是东西贸易,东欧贸易路线经俄罗斯西部地区、乌克兰一直到达君士坦丁堡,其与西方的贸易极其有限,当然,这部分也是因为西方很少有商品可供交换。东欧并没有发展封建主义;它也不重视海洋贸易,它吸取古希腊和罗马文明的营养,强调古希腊的部分,因而其艺术风格与众不同。它完全是一个在文化和商业上由拜占庭帝国主导的不同的文明区域。在 14 世纪,俄罗斯遭到蒙古人的蹂躏,这就进一步隔开了东欧、西欧这两大欧洲区域。

但当俄罗斯在 1450 年之后复兴,重新获得独立,并开始长期对外扩张之时,情况发生了变化,其中就包括拜占庭帝国的灭亡,这也意味着一种文明典范的消失。到 15 世纪晚期,俄国沙皇开始积极地与西方接触,他们邀请文艺复兴时期意大利的建筑师帮助设计建造克里姆林宫,在那里,他们融合意大利风格和俄罗斯传统风格创造了美妙绝伦的建筑作品。当时的俄国对亚洲也保持着很大的影响力和兴趣,势力扩张至中亚,乃至东亚地区,俄罗斯人越来越感到自己是西方人。俄国与西方的贸易也在增多,只是明显地在不平等基础上进行。俄罗斯人出口皮毛等天然产品,以换取西方产品。西方商人也参与这种贸易,他们坚持殖民地贸易方式,主张按照他们自己的法律自我管理,而不是俄罗斯人的法律。

俄罗斯真正的西化是从 17 世纪晚期彼得大帝时代开始的。彼得极力效仿西方,以之为典范。与此同时,俄罗斯也开始积极参与欧洲外交和军事事务。当时的俄罗斯还没有哪个权力集团与法国等国有过直接接触——这种情况直到 1800 年左右的革命战争才得以改变,但它与瑞典、普鲁士、波兰等中欧国家存在着竞争,这就使俄罗斯这个大国第一次被纳入欧洲史教科书中。

而且,彼得的改革通过一种或两种方式(战争或外交除外)明确将俄罗斯推入了西方轨道。俄罗斯人开始融入西方高雅文化,最初他们只是简单地引入芭蕾、绘画、文学风格、圣诞树、流行服饰等西方事物。上层俄罗斯人到西方游学,在那里完成学业,以见识真正的文明是什么样子,他们甚至有时只说法语,而不说俄罗斯语。到 19 世纪早期,西方与俄罗斯进一步融合。俄罗斯知识分子开始融入西方思想文化生活,并为之作出了杰出贡献。像普希金那样的诗人、赫尔岑(Herzen)那样的政治作家、柴可夫斯基那样的作曲家都成为西方思想文化图景的一部分,他们的作品经译介之后在西方广受欢迎。当然,他们的作品会带有俄罗斯特色,但西方向来都是用国别差异曲解共同元素。俄罗斯人还参与西方科学事业,在 18 世纪,他们借鉴西方的科学发现,引入科学研究院等机构,并在 19 世纪为共同的科学事业作出了积极贡献。到 19 世纪末,巴甫洛夫(Pavlov)等科学家使俄国基础发现成为欧洲科学的组成部分。第二种联系则较为有限。彼得及其继任者从西方引入的政治体制是专制主义,这提高了官员的效率和素养。他们还显示出了对军事竞争的兴趣。实际上,俄国比同为专制主义国家的普鲁士或法国弱小,因为它的国土面积过大,地主可直接对农奴行使的权力也过大。从 17 世纪末一直到 1848 年的俄国政治史与欧洲政治史存在相通之处,但在 1848 年,在西方革命甚至影响到普鲁士这样守旧的国家,迫使其做出某些重大改革的情况下,俄国坚定抵制了革命的蔓延,这就减少了俄罗斯与西方在政治上的重合。除 1917 年俄国革命期间自由派短暂的数月统治(值得简单了解)之外,俄罗斯与西方的政治模式一直是区别开的(这其中存在很多疑问),直到 20 世纪 90 年代。

86

俄罗斯的西化过程不仅限于贸易增长和外交联系、作为创造者和消费者融入西方文化,以及一段时期的政治接触。到 18 世纪末,有相当数量的俄罗斯上层人士和知识分子将西方视为俄罗斯的典范,主张在社会和政治结构上更彻底地西化。他们批评他们的社会发展落后,因为西方人是这么认为的。他们还希望更完全地融入西方生活。

总体来说,俄罗斯属于欧洲(也部分属于亚洲),但不属于西方。俄罗斯与西方政治上的差异就是一个明显标志——两者的联系还停留在专制时期。彼得的改革也有很大局限性。他并不打算创造一个庞大的商人阶层,以防其与他的贵族阶层对抗。他的确鼓励某些产业的发展,但主要是与军事相关的产业。俄罗斯探险者寻求新的太平洋贸易,例如,他们曾远航到达北美,甚至夏威夷,其在某些方面与同一时期的西方探险者有共同之处。

但俄罗斯并不寻求在世界贸易（与区域贸易相对）中扮演重要角色，也不能摆脱对西方商人的依赖，它主要向西方出口低价值产品，如基于廉价劳动力生产的谷物，以换取生产过程更复杂的奢侈品和设备。大约在1900年，维特（Witte）伯爵等工业领袖产生了与西方平等参与世界经济的想法，这种想法在20世纪90年代再次出现，但仍未变成现实。俄罗斯的社会结构也长期与西方有所区别，其城镇化程度比西方低得多；它还长期保留了僵化的农奴制，甚至在这种制度于1861年被废止后，俄罗斯农民问题仍很突出，这使俄罗斯与西方相差甚远。20世纪的工业化进程造成了一定的社会集中，甚至在共产主义条件下，中产阶层也应运而生了。城市家庭面临着出生率下降等一系列问题，这一点与西方类似。但俄罗斯社会同国家或经济一样不属于西方。彼得大帝的改革并未从实质上触碰俄罗斯大众文化，因此俄罗斯大众文化也长期独具特色，与西方不同。俄罗斯农民也没有经历西方在18世纪所经历的某种大众文化转变，包括宗教影响的削弱。随着19世纪末俄罗斯民众读写能力的提升，其与西方出现进一步融合，到20世纪晚期，当西方消费者的影响获得更大突破时，这种融合仍在进一步深化，但两者差异仍然十分明显。

最后，作为对彼得大帝改革及之后反复效仿西方的回应，俄罗斯人同时也产生了一种仇视西方的思想，这种思想与以西方为师的思想齐头并进，甚至压过了后者。到18世纪30年代，东正教牧师开始呼吁统治者恢复旧制，因为他们认为西化会使俄罗斯脱离真正的价值观。不久之后，守旧地主也坚称，被革命纲领强化的西方社会组织形式是危险的，不符合俄国国情，因为俄国农奴离开主人无法独立生存。到19世纪中期，俄罗斯保守的民族主义者更进一步，他们不仅反对西化，而且宣扬俄罗斯价值观的优越性。大量言论攻击西方政治不稳，愚蠢地依靠议会体制和民主机构，还有言论抨击西方商业剥削、社会不公、物质至上和过分的个人主义。有言论指出，俄罗斯真正的灵魂和社会意识（产生于农村），以及专制政体是更好的发展模式，至少对俄罗斯，甚至从更广阔意义上说对斯拉夫人来说是这样。这种模式或许更适合西方——如果他们能从追逐现代化的疯狂中清醒过来。在20世纪，特别是在斯大林统治时期，共产主义者在言辞上对西方发动了一系列攻击,除个人主义、阶级剥削、物质至上等旧问题外,攻击对象还加入了艺术领域中枯燥乏味的现代主义等新问题。

　　西方内部也出现了对西方价值观的批判。共产主义使许多俄罗斯人与西方反资本主义者团结在一起。德国保守派仇视民主,反对百货公司等"法式"革新,他们还在 19 世纪晚期向俄国保守派表达了这种担忧。这种对西方既偏爱又排斥的矛盾心理自 1700 年以来一直是俄罗斯历史的基本组成部分,但从未在更纯粹的西方国家中完全表现出来。这也是我们说俄罗斯是欧洲的,是欧洲史的重要组成部分,但与西方并没有融合的最后原因。将俄罗斯看成西方文明的问题引出了一些合理议题,很值得探讨,但在现代史上迄今为止是行不通的。通过分析,我们最好将俄罗斯看成一种独立的文明。

　　最后要说明三点:第一,"俄罗斯不属于西方文明"不是一种价值判断。时至今日,俄罗斯人仍然坚称他们的一些价值观十分优越,值得遵循。显然,在欧洲人,甚至俄罗斯人看来,俄罗斯自彼得大帝之后未能完全西化是一种落后,但俄罗斯被排斥在西方历史之外的现象本身没什么可批判的。

　　第二,我们也不应该妄下论断,认为俄罗斯永远不会被完全西化。社会可以变化,现在的俄罗斯也发生着日新月异的变化。不过,俄罗斯对待西方的矛盾心理仍然存在,政治领袖担心他们的权力,平民惋惜共产主义时代的福利待遇和公平感的丧失。其他过去未完全被西化的社会现已属于西方文明,20 世纪晚期的希腊和西班牙就是很明显的例子。俄罗斯有很长一段历史与西方重合,这或许能使它和西方的发展更趋一致,当然,这也是许多当代俄罗斯人希望发生的。

　　第三,除俄罗斯以外的东欧确实是个棘手的问题。当前,就像许多东欧国家想成为欧盟、北约等西方组织成员一样,许多东欧人(他们更乐于被称为中欧人)都渴望将他们自己国家的历史与西方历史联系起来,部分依据是他们的国家与俄罗斯的差异(许多东欧人至今仍对苏联在第二次世界大战后对他们的控制愤恨不已)。部分中东欧国家遵循的是西方的宗教传统,如波兰、匈牙利、斯洛文尼亚、克罗地亚及诸多波罗的海国家都信奉天主教,或在一定程度上信奉新教(匈牙利、波罗的海国家)。与俄罗斯

88

不同,它们中有许多国家都参与了科学革命和启蒙运动,如波兰就有伟大的科学家哥白尼。一些国家还奉行包括国家主义在内的西方政治价值观,这里最值得一提的是捷克共和国,它是在两次世界大战之间唯一建立了行之有效的民主和议会制度的中东欧国家。

另一方面,在现代史的进程中,在占主导地位的社会经济结构上,中东欧国家与俄罗斯十分相似,与西方存在很大差异。大量农民长期被束缚在农奴制中(例如,罗马尼亚从农奴制中解放出来的时间比俄罗斯还晚);贸易模式也是出口食物和原材料,进口更昂贵的西方产品。甚至自1991年以来推行自由市场经济之后,中东欧国家与西方仍然存在巨大的经济差距。这些连同中东欧国家独特的政治史(部分是因为土耳其帝国、奥地利、俄罗斯等外部力量的长期统治)确实引出了一些疑问。

毫无疑问,大部分中东欧国家都想成为西方国家,它们被纳入西方文明的机会可能要大于俄罗斯,因为它们与西方有更多的历史重合,但一般就现代史而言,关于哪里是西方文明的东部边界以及用什么标准去界定的问题至今仍然难以回答。我们只能在一定程度上草率了事,留下变动和讨论的空间。

拉丁美洲

几年前,围绕"拉丁美洲是属于独立的文明还是西方文明的一部分"这一议题,美国的拉丁美洲史学家在互联网上进行了一次活跃的大讨论。这次讨论在某些方面与俄罗斯的情况类似,但也不可避免地有不同之处。

例如,与俄罗斯不同,拉丁美洲信奉正统的西方基督教。甚至到20世纪末期新教原教旨主义迅速传播的时候,西方传统宗教仍保持着很深的影响。当然,美洲印第安人和非洲人的宗教信仰与天主教发生了融合,产生了我们在欧洲,甚至在美国都未曾发现的混合宗教。到19世纪晚期和20世纪,宗教(无论是天主教、新教还是混合型宗教)对拉丁美洲的影响程度要比欧洲强。虽然世俗利益和启蒙思想价值观也很容易被一些拉丁美洲人接受,但其影响程度极其有限。宗教在文化和体制生活等重要方面的影响力是巨大的。

就政治传统,尤其是自由主义而言,拉丁美洲与西方有明显重合之处。与俄罗斯不同,拉丁美洲积极参与了1800年之后发生的大西洋革命浪潮。启蒙思想以及法国、美国的革命政治理念在拉丁美洲领导阶层中广泛传播。同欧洲和美国一样,发展教育、控制教会、制定宪法、议会政治构成了19世纪拉丁美洲政治史的核心部分。在政治稳定性方面,拉丁美洲相比欧洲存在更多的难题,它经历了更长时期的强人政治统治时期——不过,西班牙和葡萄牙也经历了一些类似的时期。面对如何处理印第安人等特殊问题,拉丁美洲自由主义者们表现得并不"自由",他们主张强制改变或严厉控制。在一定程度上,由于这一原因,拉丁美洲自由主义者比欧洲自由主义者更晚接受民主原则——不过,欧洲自由主义者也长期在广泛投票问题上迟疑不决。最终,他们与代表教会、地主和军队利益的保守派的战争要比19世纪大部分时期在欧洲发生的(从一定程度上说,西班牙除外)更持久、更激烈。但这些都不能抹灭自由主义对拉丁美洲的重要性,到20世纪,自由主义又再次浮出水面。

认为拉丁美洲属于西方文明的最后证据与俄罗斯类似,即与西方在高雅文化上的大量重合。拉丁美洲人(不仅只是指上层阶级)所推崇的高雅文化完全起源于欧洲,且在西欧广泛传播。拉丁美洲的艺术和建筑在很大程度上是西式的,其在19世纪才出现的文学传统也严重依赖西方文学形式,尤其是法国文学形式,反过来,它又对西方文化作出了贡献。虽然拉丁美洲文学同俄罗斯一样有一些独特的主题和偏好,但它与西方文化间的相互交流十分密切。拉丁美洲音乐和舞蹈与西方有些差异。虽然拉丁美洲城市创建了西式管弦乐队参与演奏古典音乐卡农,但拉丁美洲的特殊贡献在于更多源于不同地区的流行音乐和舞蹈风格。时至今日,许多中层和上层拉丁美洲人仍然认为他们自己是西方人,寻求西化他们的国家。在19世纪末,特别是在阿根廷和智利这些曾受欧洲很强影响的地区,城市风格是西式的,处理疾病、卖淫,以及其他众多问题的方式也是西式的。像布宜诺斯艾利斯这样的城市很难与欧洲城市区分开来。同俄罗斯一样,拉丁美洲发展落后,与西欧存在差距,但其标准和目标与西方是一致的。

那么,我们为什么还要迟疑不决呢?就俄罗斯而言,主要原因是社会经济形式的差异。的确,拉丁美洲的工业化程度远比俄罗斯低,这意味着拉丁美洲在这一领域与西方有更大的差距。拉丁美洲起初是殖民地、依赖型经济,有大量遭受剥削的农村人口及一些小城市和商人阶层。欧洲人和后来的美国人控制着当地的经济命脉。当地经济依靠原材料和咖啡等经济作物的生产,这种境况一直延续到20世纪。拉丁美洲领导人(大部分是自由主义者)极力摆脱这种桎梏,但总体来说,在30年代末以前,其经济对资源的依赖有增无减。时至今日,拉丁美洲仍然存在大量依赖型经济残余,即使在墨西哥、巴西这些已建立工业化部门的国家也是如此。当然,独特的社会经济形式不可避免地会影响到政治和文化。拉丁美洲宗教信仰比欧洲更为狂热的原因之一就是那里极度贫困。自由主义国家很难建立起来的原因之一就是地主与农民间严重的分歧。我们很难用同样的章节标题将拉丁美洲写入西方历史。

然而,相比俄罗斯,拉丁美洲的情况要更为复杂。讽刺的是,因为不在欧洲,拉丁美洲相比东欧更少地被纳入西方文明的历史进程之中。无需抹平差异,也无需消除总体来说支持将拉丁美洲视为独特文明的有利条件,我们只需对西方文明课程的这一部分做更加灵活的处理。这其中也会涉及一些重要和有趣的问题。在未来,拉丁美洲与西方仍然有进一步同化的可能性。随着拉丁美洲融入全球经济体系——虽处不利地位,但发展前景可观,以及它在20世纪末建立了自由、民主的政治体系,关于它是否属于西方文明的问题仍值得广泛探讨。

91

移民社会和美国

加拿大、澳大利亚、新西兰、美国都属于移民社会,在这些社会里,土著居民人口因外来征服和疾病普遍减少,同时伴随着大量欧洲移民移入。作为移民社会,它们与拉丁美洲不同——总体来说,拉丁美洲的土著印第安人人口众多,势力仍然很强。它们在政治和经济上与英国联系紧密,而不是与西班牙,这也有助于解释一些问题。例如,考虑到英国在议会体制上的传统,我们不难理解它们更容易建立议会政体。又如,这种联系或许还可以解释它们更倾向于建立庞大商人阶层的问题。

问题是,它们属于西方文明吗?如果属于,那么西方文明在17、18世纪就开始了大规模扩张。西方文明课程传统本身可作为一个关键的纽带,至少是美国与西方文明间的纽带,但讽刺的是,这很少被探讨,我们并不清楚西方价值观和制度是否构成了这些新社会的基础,之后这些新社会的价值观和制度或另辟蹊径,自成体系,或在原有基础上继续发展。我们也不清楚这些新社会是否是在一个单一的文明中持续发展。

我们可以从讨论拉丁美洲时的议题入手。包括美国在内的移民社会与西方有着共同的信仰,只是它们大多信奉新教,而不是天主教。它们与西方也有着共同的政治传统。美国革命就将殖民地经验与立法机构、启蒙运动政治理论结合起来。为避免类似的分裂,在19世纪晚期,英国鼓励加拿大和后来的澳大利亚建立独立的国会,这使得这些国家在政治上取得了独立,而在体制上与母邦(英国)类似。最后,上层文化也在很大程度上是西式的。移民社会最初的文化过于原始,不可能在艺术和文学上有很大造诣。然而,在很早以前,殖民地的美国人对启蒙运动和科学探索都异常热心,积极参与。随着社会繁荣和经验积累,绘画、建筑、古典音乐等欧洲基本文化形式也被引入,文学也得到迅速发展。拉丁美洲的文化涉及一些独特主题,如边疆经历,美国文化也是一样,它在非裔美国人的遗产基础上进行创新,尤其是在音乐领域。但毫无疑问,总体来说,伴随着大量的相互交流,尤其是美国人到巴黎等西方艺术圣地的游历,移民社会的思想文化和艺术生活已成为与西方共同经历的一部分。

92

与拉丁美洲不同,移民社会并没有形成依赖型经济。相比西欧,它们更重视农业和矿业生产。大部分贸易控制在它们自己手中,而且,它们有不断壮大的商人阶层。它们使用大面积土地,广泛机械化耕种,而不是依靠在拉丁美洲非常普遍的廉价劳动力生产。它们很快便开始工业化进程,尤其是在美国,这进一步缩短了与西方的经济差距。由于与英国富有成效的接触,美国工业化效仿英国,其发展进程无论在时间上还是在水平上都与法国和德国同步。当然,它们与西方也有一些差别,包括它们非常依赖欧洲资本市场的资金对它们进行投资。美国南部地区推行奴隶制经济,相比美国其他地区以及其他未推行奴隶制的移民社会的经济特征,它更像是依赖型经济。然而,总体来说,它们的经济模式趋向于与西方挂钩,而不是分离。

但这里仍然存在一些问题。其中一些问题是由美国"将美国史与西方历史、世界史隔开,单独教授"的传统所致。我们很容易猜测,这种分离模式源于美国对美国史的特殊对待,更直接的解释是美国的"例外论",即在承认重要的原始灵感和联系的同时,将美国史与世界史区别开来。按照"例外论"者的说法,有多方面原因促使美国开始脱离欧洲模式(通常朝好的方向发展,但"例外论"者并不以此为依据)。

例如,尽管在 19 世纪晚期有一定发展,但毫无疑问,美国并没有产生真正的社会主义运动,这就将美国与包括澳大利亚、新西亚,以及其他许多社会在内的整个西方世界区别开了。究其原因,答案包括美国工人阶级的种族多样性使他们更不易相互理解;来自中产阶级的强大压力;国家对社会主义的恐惧和排斥,用警察力量和宣传手段进行抑制;美国社会流动性很大,只讲个人机遇,不需要社会主义等。需要说明的是,美国社会流动性与西欧社会差别不大,但西欧人宣扬社会闭塞,不重视流动机会,而美国人增大流动性,将前进过程中的失败归咎于个人,而不是社会状况。相应的,到 20 世纪晚期,虽然美国人和西欧人的工作结构、生活标准差异很小,但几乎所有美国人(85%)都声称他们是中产阶级,与此同时,许多欧洲人仍自豪地宣称他们是工人阶级。显然,很小的比较显示出了美国与西方其他地区的巨大差异。而且,由于没有社会主义,美国在 20 世纪也没有发展成为一个完全的福利国家,这与西方其他地区又形成了鲜明对比。甚至在加拿大建立国民健康保险制度时,美国仍然对此避而不谈。

"例外论"者还可举出许多其他例子,只是它们中很少像社会主义的例子一样经过了细致比较。那么,就像许多大学提议开设"美国文明"课程所显示的那样,美国有自己的文明吗?最好的论据是什么?想要对这些问题进行全面分析需要用一本书的篇幅来论述,不过在这里,我们可以提出一些见解,以供参考。

美国与标准西方文明间的主要差别在于边界拓展和种族多样性的影

响,后者又包括奴隶制影响,甚至奴隶制废除之后遗留种族问题的影响。这些因素部分也存在于拉丁美洲。因此,一般而言,自18世纪以来,直到近期,美国人比西欧人更暴力,这一点与拉丁美洲人的情况更为类似。边界拓展和种族敌视养成了美国人的这种特性,美国与欧洲在枪支管制上的差异(欧洲人更乐意将枪支控制起来)即反映和证实了这一点。从一开始,直到现在,美国人在地理上的流动性都比西欧人大。另一方面,到19世纪,美国人的宗教观念比西欧人更强,这部分是因为美国社会纽带更为脆弱、种族更多样,也得益于教会和政治更明显的分离——但宗教在文化认同和社区和谐中的作用尤为突出。到20世纪晚期,美国人去教堂、庙宇或清真寺以及声称信教的频次大约是欧洲人的五倍。

我们不能单从冲突层面看待美国种族多样性和不可否认的种族问题。和拉丁美洲一样,美国同样受益于非洲人和美国土著居民的文化贡献,他们在许多文化领域都有重大创新,其中包括爵士乐在内的一些文化形式又被饶有兴趣地引入西欧。

美国与西欧的其他关键不同之处在于它缺少真正的贵族和农民阶层。事实上,美国自建国以来,除南部种植园主控制区域和荷兰地主在纽约北部的控制区域以外,其余地区都是由中产阶级主导的。美国贫富分化程度通常比欧洲更为严重,同时它不主张社会地位有高低之分,更强调人与人之间至少在表面上是人格平等的(不过,紧张的种族关系会使这种情况恶化)。在美国,人们更注重通过财富衡量一个人的成就,更认同财富获取策略,因为没有单独的贵族标准这样真正的替代性选择。

对于美国与西欧有些差异,我们也不应该过分强调。有趣的是,在美国能激起全民热情的不是足球,而是棒球和橄榄球,但大西洋两岸对运动产生热情的时间,包括职业运动的兴起、基本的社会意义都非常类似。换句话说,表象不同,但原动力是一样的。正如我们所看到的,尽管美国和西欧在社会流动性问题上的观念明显不同,但实际经历非常类似。通过对美国和西欧细致的比较研究,我们可以看出,在19世纪,上行流动人口比例,即获得比家庭出身更高社会、经济地位的人口比例实质上是一致的,只是美国的下行流动人口较少,而到了20世纪,这一点差异也消失了。

94

　　政治民主是美国与西欧的另一个重合区域。选民范围第一次扩展至成年男性（奴隶除外）发生在 1792—1793 年的法国，只是这一改革尝试很快就夭折了。到 19 世纪 20 年代，美国北方许多州都已走向民主，这比欧洲第二次民主尝试（1848 年，法国）早了近 20 年。到了 19 世纪 60 年代，德国和英国也实质上推行了民主制，只是政治体制独特各异。这种时间上的差异并非无关紧要，但它们不应掩盖这半个世纪内大西洋两岸基于平民在工业化社会提出的新要求和启蒙思想的启发而掀起的运动浪潮。美国和西欧在教育上的变化情况也很类似。美国北部诸州比欧洲大部分地区更早推行大众义务教育，同时，它们也有更清晰的精英教育规划。而到了 19 世纪 70 年代，大众教育已在大西洋两岸完全成为现实，教育实质上得到了全面普及，同时，美国直接照搬德国，建立了德国模式的研究型大学。

　　此外，在大西洋两岸，包括一些涉及个人行为变化在内的许多主要变化实质上都是同步进行的，这显示出扩张中的西方文明内部的显著凝聚力。工业革命虽然产生于英国，但很快便传导到了大西洋彼岸。在工业革命中，不同地区发展侧重点不同，例如，在直接推进工业化方面，英国没有美国做得好（美国划出了大量土地用于铁路建设），而美国又没有德国做得好，但各国进行工业革命的时间和结果是非常相似的。美国与西欧推行限制人口出生率政策的情况也是一样（这里涉及整个西方文明在 19 世纪的人口变迁）。政策推行之初，美国出生率略高于欧洲，这得益于美国有更多可利用的土地。到 18 世纪 90 年代，美国出生率开始下降，略低于法国，但高于英国。到 1900 年，整个扩展的西方世界的情况实质上是一样的，都是伴随着低出生率和急剧下滑的婴儿死亡率。这种结果并不是源于各国的深思熟虑、互相模仿的政策，而是源于大量平民家庭自发的共识。美国与西欧在妇女发展问题上也是同步的。西方工业化降低了妇女在正式劳动中的作用，在这方面，英国和美国进展得比法国迅速。然而，女性在获得新合法权利方面受到打压，之后女权运动在大西洋两岸兴起，在美国、英国和斯堪的纳维亚地区发展起来，这些区域都信奉新教，相比法国等信奉天主教的西方国家，情况更为类似。到 20 世纪 20 年代，美国、斯堪的纳维亚地区、英国、德国以及澳大利亚、新西兰的妇女都获得了选举权。在 20 世纪之后的时期,从五六十年代实质上允许已婚女性重新参加工作的相同政策,到 20 世纪 60 年代类似的"性革命",美国和西欧仍在并行发展。

显然,虽然美国和西欧起源不同,但两者都共同经历了工业化等历史进程,而且仍然在女权或医疗问题上联系密切,准确地说,它们在许多方面都属于一个共同扩展的西方文明。澳大利亚、新西兰和加拿大虽然没有像美国那样经历过奴隶制,也没有十分迅速的工业化进程,但它们也应属于这一范畴。不可否认,差异还是存在的,但这种差异并不总是比欧洲内部各国间的要大,总体来说,相比在研究俄罗斯或拉丁美洲时遇到的问题,我们在研究这一西方文明课程范畴上所遇的问题要少得多。

结 论

关于美国是否例外的争论是分析现代西方文明史的重要组成部分。它促使一些以自己的社会为荣的美国人去推测西方的起源,并渴望将他们自己从他们不喜欢的西欧层面中分离出去,真正去思考他们的文明所认同的东西及演进的历史。当我们对美国和西欧作合理、细致地比较时,"例外论"者及其反对者的观点都能得到支持,而当视线完全转入 20 世纪,对于美国例外还是不例外的问题,我们又必须重新开始讨论,但西方文明课程的证据是站得住脚的。

在 18、19 世纪,西方文明在地理上进行了或整体或部分的扩张。在西方文明所扩张的地区中,一些区域有独立的文明,只是与西方有着非比寻常的密切联系;另一些地区或可被视为西方文明的一部分,只是需要注意这些地区的特殊形势和特征。到 19 世纪晚期,当美国和西欧一样开始帝国主义扩张和融入全球经济时,其他文明社会的人可能轻易地就会将这两大权力中心视为一个。

96

延伸阅读

Thomas E. Skidmore and Peter H. Smith, *Modern Latin America* (New

York: Oxford University Press, 1997）; John H. M. Laslett and Seymour Martin Lipset, ed. *Failure of a Dream? Essays in the History of American Socialism*（Berkeley: University of California Press, 1974）; Seymour Martin Lipset, *American Exceptionalism: A Double-Edged Sword*（New York: W. W. Norton, 1996）; Nicholas V. Riasanouvsky, *A History of Russia*（New York: Oxford University Press, 1993）; John H. M. Laslett, *Colliers Across the Sea: A Comparative Study of Class Formation in Scotland and the American Midwest*（Urbana: University of Illinois Press, 2000）; Jürgen Kocka, *White Collar Workers in America, 1890–1940: A Social-Political History in International Perspective*（London; Beverly Hills: Sage Publications, 1980）; Peter Kolchin, *Unfree Labor: American Slavery and Russian Serfdom*（Cambridge, Mass.: Belknap Press of Harvard University Press, 1987）.

第四部分

当代世界的西方

　　当涉及当代历史的重要事件时,文明的概念就可能消失了。许多世界史课程细致追溯中华文明或非洲文明的历史,一直延及 19、20 世纪,但之后它们又转向殖民主义、经济停滞、世界战争等其他主题。我们不禁要问,在跨文明交流和模仿日益增多的当代,文明的发展还一如既往吗? 这一问题同样适用于西方文明。正如我们已看到的,当代西方文明课程产生的原因之一就是对西方的地位和特性正被削弱的担忧。

　　最后一部分的各章论述的是工业化进程中的西方,这一进程的大量转变都源于西方,却又继而在很大程度上改变了西方及其在世界中的位置。之后,我们转向作为西方历史一部分的 20 世纪,在这一时期,西方价值观和制度曾一度面临被消灭的威胁。最后,我们会探讨全球化问题,这是类似工业化的另一进程。在这一进程中,西方在很多方面都处于领先地位,但这或对其特性构成挑战,正如一些人在 20 世纪 80 年代所说的那样,如果我们在 20 世纪末看到了一个文明一体的世界,那么一个确切的西方文明还存在吗?

第十章
西方文明与工业革命

众所周知,工业革命起源于西方,首先发生在英国,之后迅速扩展至比利时、法国、美国和德国。到 19 世纪 50 年代,它已成为西方世界的普遍现象,只是存在很大的地区差异。工业革命极大地增强了西方实力。那些非西方或未被纳入西方文明的社会最早到 19 世纪 90 年代才开始工业化进程,而一些社会至今未走向工业化道路。

不过,工业革命通常并不被放在西方文明课程的框架内进行探讨,而是和政治革命及其他社会进步一起被纳入欧洲史和美国史范畴,但它们很少探讨这次巨变的文明根源,更少探讨这次巨变对文明造成的影响。有一些分析试图探讨其他文明社会没有首先产生工业革命的原因——最有趣的案例要数中国,因为它资源丰富、技术先进、商业发达,但显然,我们很难确定一些未发生事件的原因。不过,这种尝试似乎提醒了我们用比较方法去解释工业革命,而这就引出了第一个关键问题:工业革命为什么首先产生在西方?之后,我们转向探讨一个更有趣和更重要的问题,即工业革命对西方传统和特性的影响,因为是工业革命,而不是其他单一的社会进步促成了当代西方的崛起。

一些概念的界定

工业革命主要集中体现在产品的大量增加以及与之相关的运输的增

快、交流的增多、销售的增长，其核心是新科技的应用，尤其是基于煤（蒸汽动力）和水力替代人力或畜力的科技。因此，在 18 世纪，飞梭可以自动在织布机上走线，织工可以在无需辅助的情况下使用织布机，其结果是人均织布产量至少提高了 50%。后来，飞梭又被加载了蒸汽动力，这就提高了它的速度和增加了每台机械上织梭的数量，同时这也进一步增加了成本。到 19 世纪晚期，一个工人可以同时操作 8—16 台机械化的织布机。

100

产量激增的另一原因是新工作组织方式的采用。工厂招募更多专业工人，此举可提高生产速度，此外，工厂还对工人工作进行更直接的监管。这些准则后来传播到其他领域，甚至包括并不直接涉及机械的百货商店，其结果是更大地提高了工作速度和产品产量。

随着工业化进程的推进，制造业作为工作和财富的来源开始赶超农业，旧式家庭手工业也逐渐衰落了。社会人均产出和财富积累有所提高，不过，不同阶层间的贫富差距也在拉大。伴随着工业化而来的是迅速的城市化，从 1850 年开始，西方社会城市化水平首次超过 50%，首先是在英国，之后是其他地区。

对工业革命只作简单定义对这一进程来说是不公平的。这是人类生存方式的一次巨变。虽然将所有工业化的地区考虑在内，这一进程的最终完成经历了 60—100 年的时间，但其结果确实是革命性的，这是人类历史上的又一次伟大变革，可以和几千年前狩猎和采集生活向农业生活的转变相提并论。我们将在这一进程的其他层面继续探讨它的西方元素。

原 因

至于为什么英国会成为工业革命的先驱，历史学家总结出了一些原因：英国有一个商业意识很强的贵族阶层，他们直接参与工业化进程，同时也容许中层阶级在这方面的努力；相比法国，英国并没有严重干预经济管理，工匠在引进新技术方面有相当大的自主空间；到 18 世纪，英国的木材资源耗尽，这导致了煤的用量增大，也促进了煤矿产业的发展；英国有丰富的煤、铁资源，而河运可轻易地将这两种工业必备原料整合到一起，在整个西方世界,只有德国、比利时、美国部分地区也具备这方面优势;英国有庞大的海外殖民地,这为英国带来了资金、原材料(如印度的棉花)、潜在销售市场;西欧经济在法国大革命时期遭到了严重破坏,但英国得以幸免。事实上,革命战争促进了英国工业发展,同时它也向欧洲其他地区展示了工业化进程所能提供的军事和经济力量。

由于国别史占主导地位的欧洲史传统,许多评论者都通过个案研究工业化进程,好像每个个案都极其特殊一般。相比英国和比利时,法国有着更强势的政府、更低的人口增长率、更少的煤铁资源拥有量,工业化进程进步也更晚,发展更慢,其制造业长期停留在手工业制造水平,只是工艺得到改进,并进行了工业标准化改造。德国特别重视政府对经济的干预,以推动大型经济联合体或卡特尔以及重工业的发展。虽然德国工业化进程起步稍晚,但它的集中发展战略(包括重点发展技术教育)使它后来者居上。到 19 世纪晚期,随着英国先前的技术革新不能完全适应工业化进一步发展的要求,德国的工业化水平已开始超过英国。一些处于西欧边缘的地区工业化进程更慢,或只在局部地区进行,不能带动全国发展。例如,西班牙巴塞罗那的纺织业、毕尔巴鄂(Bilbao)的重工业很早就得到了发展,但整个西班牙的工业化进程是滞后的。瑞典很早就实现了工业化,而芬兰工业化发展速度要更慢一些。由于商业上的巨大成功,荷兰很晚才开始工业化进程,以致几乎整个 19 世纪它还停留在保守的社会状态。

诚然,在对英国的领导地位进行专门评估之后,我们也可以寻找其他国家和地区发展模式的产生原因,但我们没有理由将界限划分得过于鲜明,因为工业化进程令人印象最深刻的是它在西方世界大部分地区的迅速传播,以及西方以外其他地区的滞后发展,哪怕一些工厂作为试点工程很快被引入。例如,到 1850 年,俄国已通过西欧人和美国人建立了一些铁路线和示范工厂,但在 19 世纪 90 年代以前,它根本就没有开始全面的工业化进程。拉丁美洲的情况也是一样。相比之下,尽管英国禁止新机器出口以及机械设计、技术工人外流,但大部分西方国家仅用了 40—50 年时间就赶上了英国的步伐。

因此,要解释英国率先进行工业革命的特殊原因,并说明其他地区间的差异性,关键要解决两个核心问题:为什么工业革命发生在西方? 工业化进程与西方文明的本质有什么关系?

西方社会有着进行工业革命的综合条件和动因,而各个国家和地区具备的条件和动因也有区别。在没有基本原材料的情况下,工业化进程是很难往前推进的。在工业革命初期,原材料首先是指煤和铁(后来,随着工业模式确立,可被模仿,日本在国内资源严重匮乏的情况下也实现了工业化)。欧洲许多地区,尤其是从英国延至德国鲁尔的煤层带有着丰富的煤、铁资源,且两种资源的地理位置通常十分接近。这对于推进工业化进程至关重要,但显然不是导致工业革命的原因,因为这些资源深埋在地下那么多年都没有引发这一结果。不过,相比日本、中东或许多其他地区,资源或可有助于解释为什么欧洲率先开始工业化进程。

有三种途径可解释西方在工业化进程中的领导地位。这三种解释可通过多种方式进行综合,而几乎可以肯定的是,没有一种解释完全令人满意。在这三种解释中,只有一种没有强调客观因素,而强调了西方特质。

解释一

这一解释近年来得到了进一步完善,它强调全球因素,认为西方开始工业化进程不是因其价值观或制度,而是因为它在世界贸易中所获得的强权地位。虽然西方在亚洲还未完全取得成功,但其在世界贸易中的主导地位已经确立。身处这样的贸易地位,西方很清楚进口廉价原材料、出口工业产成品所能带来的丰厚利润,工业化进程仅是这一贸易过程的延伸,这里除了贪婪和先前的商业成功外,没有任何西方特质牵涉其中。由于在先前包括大西洋奴隶贸易在内的世界贸易中获利颇丰,欧洲渴望获得新的投资机会,而其他文明社会没有哪个能像欧洲那样拥有最开始对机械进行风险投资所需的资金,同样,这里除了基于全球优势产生的剥削其他地区的想法和认为这样做完全合理的理念外,没有特殊的西方价值观牵涉其中。另外,考虑到一些特殊因素,如英国通过从印度进口棉花原材料和对印度生产的商品强制征税等手段侵蚀印度的棉纺工业等,西方工业化进程得到了突飞猛进的发展。西方工业化进程基于全球经济力量之间的关系,它允许工业化的西方加强对世界其他地区的掠夺和剥削,加剧了那些地区的贫困,而自己的财富获得了增长。这里无需再作进一步解释。

解释二

虽然全球因素发挥了一定作用,但工业革命的内部因素也很重要。这些因素都很客观,虽产生于西方,但并不涉及西方文明的特征。一些综合的潜在因素也推动了工业化进程,例如由于海外贸易的拓展和国内新消费主义的刺激,商品销售市场得到了扩大。资金的进一步投入促进了商业的进一步发展,当然,这里同样不涉及西方价值观和制度。最后,由于马铃薯等新作物的引入,欧洲人口开始迅速增长。在 18 世纪下半期,欧洲人口增长了 50%—100%,相应的,这迫使许多农村人口意识到不能再依靠土地为生,因而极不情愿地到新工厂里做工,终日面对嘈杂和危险的机器设备。显著的人口增长也解释了商业上的变革。法国东部的简·斯伦贝谢(Jean Schlumberger)在 18 世纪 60 年代有一家规模不大的制造企业,他满足于使用已有的工艺方法,但他有 10 个孩子——这显示出人口膨胀对他个人的影响。为使孩子们过上传统中等水平的生活,他开始扩大生意规模,迟疑不决地引入了新的纺织生产设备。不久之后,他就变成了首屈一指的工业资本家,不过他对此感到忐忑不安。他的两个儿子继承并发展了他的事业,成为当地真正充满活力的企业家。需要重申的是,这里同样不涉及任何西方观念,只涉及人口膨胀的驱动,以及诸如马铃薯的引入等造成人口膨胀的客观原因。

解释三

第三种解释涉及西方文明,这种解释可被嫁接到前两种解释之中。比如说,人口增长并不能自动刺激经济变革——西方中世纪的人口增长就没有促成经济变革,而事实上,没有发生变革的经济最终促使了人口水平

的下降；中国自 1650 年以来就一直面临着人口增长的压力，但它的人口
增长也没有促成经济变革。因此，即使人口增长对经济变革有促进作用，
经济变革也需要一些额外的条件，这里就涉及了西方的特质。

第一，西方以前对商业的重视为新的商业冒险精神的产生奠定了基
础。许多个体商人避开工业，专注于更稳定的商业，但也有一些寻求进步
的商人脱离商人阶层大家庭，寻求新的谋生方式。这也有助于解释新的企
业家精神与更传统的商人价值观的一些差异，不过，这种差异还源于人口
压力，以及宗教信仰改变的影响。早期工业资本家中有许多人都信奉少数
派宗教，如法国的新教、英国的贵格会（Quakers）或福音会（Evangelicals）。
作为少数派宗教信徒，他们从政的正常渠道被阻断了，但经济上的成功令
他们感受到了上帝的仁慈。最后，启蒙运动鼓励人们追求物质成就，驾驭
和改造自然，这也对工业化进程起到了很好的促进作用。实用型蒸汽机的
开发者马修·博尔顿（Matthew Bolton）就对启蒙运动式的进步理论深信
不疑。工业化进程还可能得到了启蒙经济学家的推动，例如亚当·斯密就
强调了竞争中创造力的重要性，并呼吁政府审慎进行经济调整。这也是一
个相关商业价值观的终极来源。

第二，正如我们已看到的，西方越来越重视技术，并以技术水平来衡
量一个社会。后来又由于西方生产设备的早期改良（今人将之视为一种
革命），以及关于自然如何被驯服以利于人类的科学证论，这些信念得到了
加强。第一台实用型蒸汽机的发明者詹姆斯·瓦特（James Watt）掌握了
一些关于气体的科学知识，并为格拉斯哥大学（University of Glasgow）制
造了科学仪器，这成为后来技术革命爆发的基础。

第三，除企业家精神和对技术的重视外，西方工业化进程还得益于政
府不断增长的对工业化的热情。为推动工业化进程，政府做了大量工作，
如标准化国家贸易条件，鼓励投资银行和稳定货币，直接建设或支持他人
建设包括河道，以及后来的铁路在内的运输网络。政府在这方面的努力与
西方国家的两大特征密切相关：首先，近代早期日益增强的增加政府职能
和使政府合理化的趋势。其次，令政府兴奋不已的是，任何进步都可能使
国家在军事竞争中取得优势，这是西方国家一直以来的追求。例如，德国

建造铁路刺激了重工业的发展,但这并不是政府的初衷,其最初的目的是便于运输军队。军事目的同样也促进了一些工厂的迅速发展,不过这种联系不值一提。

我们很难避免得到这样的结论:西方趋势和价值观为工业化进程的起步提供了最终动力。当然,没有全球因素和客观因素的推动,它们也无法发挥作用,而它们与西方的过去存在联系,西方在工业化进程中的领导位置并非偶然。

而且,无论这些综合原因如何最好地去解释这次巨大变革,西方人都始终相信西方文明的独特层面为工业化进程提供了必要的基础。凭借这一信念,西方领导人和观察家经常对其他文明社会指手画脚,比如说,他们认为,如果想要成功实现工业化,就必须在文化上和政治上更加西化。在19世纪,他们指责其他文明社会缺乏西方的特质。近十几年来,他们又旧论重提,但这并不总是能使西方得到其他文明社会的青睐。

最后需要说明的一点是,虽然西方特质可能对第一次工业革命至关重要,但事实上,一旦工业模式确立,可供模仿,西方特质并非必不可少。其他文明社会模仿西方技术和科学,它们也经常模仿西方的政府行为,如西方在工业化时代推行的大众教育,但它们没有必要复制西式的企业精神。例如,日本奉行儒家价值观,提倡团队合作,并主张政府与商业保持紧密联系,这种模式运转良好,并且从某种意义上说,可能胜过了西方自由散漫的个人主义——在20世纪,这种西方崛起时产生的并发症在扩展的工业化国家里十分明显。

工业化的影响和西方特性

工业革命使一些西方特性得到增强,同时,工业化进程也使西方的内涵得到扩展。于是,西方的自我界定产生了两种新问题。

西方将技术作为衡量社会进步的标准,这一观念得到了工业化进程的强化。因其他文明社会落后于工业化西方社会而哀叹它们发展迟缓的心态只是旧有心态的延续。现在,西方还把科学作为衡量标准,它不仅被视为解开自然奥秘的钥匙,而且被看成促进技术进步、推动医疗和公共健康事业发展的良方。这是西方人赞美西方,哀叹其他民族迷信的另一种方式。最后,工业化进程从整体上削弱了宗教在西方社会生活中的地位,只是其在这方面对西欧的影响比美国更明显。许多欧洲工人都放弃了宗教信仰,甚至中产阶级也更倾向于花更多时间在物质享受上,而不是教会活动。讽刺的是,在 19 世纪,部分是因为西方工业化的繁荣,西方在世界其他地区的传教活动在不断增多,但在西方世界内部,世俗生活获得了较大发展。

工业化进程同样使近代早期萌发的一些家庭价值观得到发展。随着工业化进程的推进,尤其是在工作要离开住所,孩子要上学(不再是生产力)的新社会环境下,家庭的经济职能减弱了。政府也有必要作出重大调整,包括降低人口出生率,以应对孩子带来的新经济成本。然而,以不断增加的中产阶级为主的大部分西方人则日益将家庭生活及其情感回报理想化。孩子受到保护和关爱,只是因童工现象迟迟未被禁止,减缓了这种观念向工人阶级传播的速度。妇女被尊为家庭的天使,因为她们美丽,是家庭生活的精神向导。西方的家庭开始被视为"冷漠世界中的天堂",虽然现实中并不总是如此,但至少在原则上是这样的。一些新商品能被出售也是因为它们能够装点家居生活。而且,当西方人使用更高的西方标准去衡量其他文明社会时,他们也会在评价中反映出他们对其他文明社会家庭生活质量的看法。反过来,其他文明社会的人到访西方国家,则对西方的家庭模式惊讶不已。19 世纪 60 年代到访西方国家的日本使者就注意到了西方女性受到的尊重,以及她们在家庭中的权力,正如他们的一位观察者所说,这种优待很奇怪,女性有着本应由家庭中的长者享受的声望。

除强化已有的西方价值观外,工业化进程还促成了一些新价值观的产生。到 19 世纪末,工业化环境引起了艺术领域的一次剧变,尤其是视觉艺术。新材料促成了包括摩天大楼(美国人的发明)在内的新风格建筑的诞生。部分由于摄影的影响,部分由于工业化生活的冷漠,许多艺术家开始尝试全新的绘画风格,绘画更加抽象。虽然大众品味更喜爱旧形式,但主流艺术家通常明确表示放弃西方艺术传统,以追求我们现在所知的"现代艺术"。这种革新之风也同样波及了文学和音乐。不过,现代艺术也受到了抵制。西方内部的保守主义运动(包括后来的法西斯主义和纳粹主义)都反对现代艺术。社会主义苏联也将它视为西方堕落的标志之一。然而,鉴于西方与这次前所未有的艺术尝试的联系,现代艺术的趋势仍在持续,并作为西方特质一直延续至今。

　　更值得一提的是西方文明与消费主义不断增强的联系。不断丰富的工业产品迫使消费主义提升到新的水平。工业化的工作与家庭生活也受到压迫。许多人都感到工业化的工作越来越压抑和无趣,尤其是工人阶级,以及销售店员和其他中产阶级。工作时间就是在无情监工的监督下快节奏、准确地按时完成工作。技术水平和创造性要求有所降低。在这种情况下,许多人开始在工作之余寻求更好的生活,而更好的生活越来越通过消费标准来界定。消费品有新款的衣服、新式的家庭陈设,还有中产阶级家庭普遍购买的钢琴,以及像自行车那样的全新产品。这种消费主义意味着,许多西方人越来越通过物质获取的过程和结果来界定他们的生活,在奢华的百货商店购物成为他们的主要活动。

　　随着西方人的生活日益变成工业与娱乐的交替,消费主义促使人们关注其他的休闲活动。到 19 世纪晚期,商务休闲主要是指付钱去听音乐会、看体育比赛或后来的电影。职业体育运动和业余竞赛都得到了广泛推广,其中以欧式足球和美国棒球最为流行。

　　西方文明从内而外越来越因消费水平和消费潮流而为世人所知。显然,这是工业化进程对西方的内涵最重要的补充。

　　最后,工业化进程明显使西方文化和政治价值观复杂化了。就权利而言,工业化进程促进了工厂(不是国家)中独裁主义的发展。越来越多的工人发现,他们的日常生活就是由老板和工厂详细的规章制度规定,这些规章制度支配着他们的工作时间,限制他们在工作期间唱歌或交往,甚至试图控制他们的情绪——例如销售店员被要求无论客户如何刁难都要保持微笑。到 1900 年,美国为主的西方国家兴起了一场运动,给予工厂工程师规范工人动作的权利,并无视工会抗议。工人们通常为在工作地点获得更多的民主权利而抗争,但至少在 21 世纪之前,他们从未取得大的成果。随着企业由个体企业家管理向管理层群体管理的转变,甚至中产阶级工人也发现他们自己被新的规章制度和监督管理体系包围。

随着议会制和选举权在西方社会日益普遍，工人所要求的民主至少在政治上部分得到了补偿。但他们的政治意愿与西方国家政府的政治价值观存在分歧。政府强调对政治表达权利和机会的控制，以及对社会日常生活的监控。同时，政府也具备了一些新职能，如管理家庭和公共健康、推行教育、提供更多警察力量等。第一次世界大战就向我们展示了当工业化国家的权力用于全民动员时政府控制经济和社会生活的巨大能力。

工业化进程还否定了在一定程度上被看成西方传统标志之一的个人主义。工业化时代的工作是非个性化和受管制的。消费品也普遍被标准化了。学校也促使西方的孩子们按照同样的时间作息，以同样的方式学习。但西方的个人主义观念在原则上还继续存在着。例如，作为帮助孩子确立个性的一种方式，庆祝生日的风俗得到了广泛推广。现代艺术可能也允许一些人——首先是艺术家自身——进行更个性化的表达。但这同样在西方生活内部引发了新的不安。

此外，还存在最后一个问题——这一问题在 1900 年左右才显现出来。工业化进程一开始极大地增强了西方在世界中的力量，这也从根本上促进了帝国主义最后的爆发。对西方之外的许多地区而言，西方文明只有对权力的原始追求，别无其他，但这一过程却促使其他文明社会在更多方面学习西方，有时包括工业化进程，尤其是日本和俄罗斯，它们到 1900 年左右也开始了它们自己的工业革命。它们还在其他方面学习了当时的西方，如推行大众教育，更加关注科学。而且，它们还引入了西方消费主义的一些元素以及现代体育运动。早在 19 世纪 90 年代，由日本学生组成的队伍在棒球比赛中战胜了一支美国海军官兵组成的棒球队，令国内民众欣喜不已。然而，这里存在一个新问题：如果非西方的社会可以推行工业化进程，可以按照西方城市风格建造城市，甚至可以在体育运动中与西方国家竞技，那么它们属于西方吗？还是西方一词有不同的定义？是否西方文明就意味着消费主义、科学、世俗主义、工业化的工作等一些其他文明社会完全可以成功复制的东西？是否西方就意味着遥不可及的世界性优势？对于这些问题的答案，我们难有定论。

　　这最后一个问题之所以在 1900 年才出现是因为之前没有哪个非西方
文明社会能够达到西方的工业化水平——这一论断建立在假设美国属于
西方文明的基础上,不过并不是所有欧洲人都确信这一点。然而,随着日
本,甚至中国的崛起,西方领导人开始谈论"黄祸"(黄种人对西方的威胁),
西方人感到他们的地位将受到挑战。这一问题在 20 世纪变得更加严重。

延伸阅读

　　Peter N. Stearns, *The Industrial Revolution in World History* (Boulder, Colo.: Westview Press, 1993); Joel Mokyr, *The British Industrial Revolution: An Economic Perspective* (Boulder: Westview Press, 1993); Peter N. Stearns and Henrick Chapman, *European Society in Upheaval: A Social History Since 1750* (London: Macmillan, 1992).

第十一章

20世纪的分裂

对许多西方观察家来说,西方在 20 世纪有一个足够好的开端。在世纪之交,有报纸回顾 19 世纪的西方,并给予了好的评价:知识取得进步,科技和物质水平得到提高,政治权力也得到扩展。当然,西方通过帝国主义为世界其他地区提供必要的指引,使它们按照西方的方式文明开化,只是我们有些不确定这种指引是短暂的指导,还是永久的管理。尽管有一些评论对西方帝国主义霸权面临的新威胁提出警告,但总体来说,人们普遍持乐观态度。辉格(英国中产阶级自由者的绰号)史学派声称,过去是西方价值观的温床,所有主要阶段都导向当前西方的完美。这也是詹姆斯·哈威·鲁滨逊和其他人支持的观点,促进了美国西方文明课程的诞生。

然而,仅在 30 年之后,这一观点便难以为继,尤其是在美国之外,德国历史学家奥斯瓦德·施宾格勒(Oswald Spengler)所说"西方会像当年的罗马帝国一样日趋没落"的观点得到广泛传播。第一次世界大战将全球许多地区都卷入其中,并在西方内部造成了大量伤亡。法西斯和纳粹主义也趁势抬头,这为西方文明的界定及其有效性提出了新问题。一些观察家开始怀疑西方价值观能否与先进的工业化社会和大众文化兼容。来自苏联、日本以及反殖民主义势力等外部威胁也加剧了西方的混乱。因此,对许多以西方价值观捍卫者自居的人希望 20 世纪什么都没发生,我们不应感到奇怪;美国背叛其西方盟友,转而实行外交孤立主义政策也不足为奇。

但从长期看,20世纪见证了西方的复兴。就西方文明课程而言,这个世纪可明显分为两部分,而这两部分都有非常值得探讨的问题,本章就根据这两部分先探讨西方的灾难,再探讨西方的复兴。

西方的危机和西方文明的重新界定

西方的没落是从第一次世界大战开始的,这似乎也符合西方传统,西方国家过去经常发生战乱,而19世纪晚期升温的民族国家概念又对战争起到了推动作用。一些历史学家甚至指出,由于西方数十年间都没有发生大的战争,许多年轻人和他们的领袖已感到厌烦,渴望开战。于是,第一批部队兴高采烈地出征了,幻想着快速的行动将会安全凯旋。当然,实际上战争进行得异常艰难。胶着的战事、巨大的伤亡、致命的新式武器都超越了西方人的想象,而这些也超越了任何其他文明的想象。我们很难解释事态的发展为何如此触目惊心,这实际上是工业科技的力量使战争及其影响超出了我们的认识程度。战争之后,包括部分老兵在内的许多人都无法相信西方文明整体倒退了。

战争还给西方带来了其他挑战。在西欧之外,以日本和美国为首的国家乘战争之乱侵占了欧洲国家的海外经济利益。殖民地的反欧洲斗争也愈演愈烈。而苏联对许多欧洲人所认为的生活方式构成了新的威胁。最终,这场战争显示出,政府所掌控的新力量超过了任何西方传统,也超过了之前任何地区的政治传统。这里,战争再次引出了关于先进工业化社会的技术和构造与西方传统的兼容性问题。

一些制度也在20世纪20年代常态化。议会民主制扩展至德国和意大利等国。东欧新建立的国家也很快采用了这一制度,但除捷克斯洛伐克之外,其余国家很快被独裁体制替代,这在很大程度上使这一功业黯淡无光。西方科学、现代艺术和消费主义也都在持续向前发展。

妇女状况在20世纪20年代也发生了许多变化,这进一步丰富了西方的特质和内涵。之前的欧式家庭模式也产生了男女关系的一些变化,但这次不同,它涉及更宽泛的权利平等。到19世纪晚期,妇女的许多权益都得到了法律保护,如离婚时的权益等。在活跃的西方女权运动中,女性获得了选举投票权。此外,女性还拥有更多的闲暇,以及在公众场合更多的自由。在教育领域,性别不平等的情况有所减少,有更多的女性在艺术、专业技能,甚至科学领域中崭露头角。不过,这些变化中有一些至今仍存在争议。虽然旧传统在西方可能仍然受到推崇,例如,人们普遍认为,妇女应特别注重仪表,并应更多地承担料理家庭和照顾小孩的责任,但总体来说,两性关系构成了西方人另辟蹊径的又一领域,进一步与其他大部分文明社会区别开来,增加了西方的内涵。

然而,这些趋势迅速被经济萧条和法西斯主义湮没。第一次世界大战之后,百废待兴,而大萧条紧随而至(始于 1929 年),给西方带来了极大困境。危机还使人们丧失了对西方政治和经济体制的信心,与此同时,西方在世界中的领导地位也受到质疑,而事实证明,这一切都很难恢复回来。事实上,就我们所知,20 世纪 30 年代还是有一些实质进步的。例如,电视产业等新工业产业在英国南部等地区形成。又如,活跃的新商人阶层在这一时期开始了他们的职业生涯,他们中有一些人在第二次世界大战中成为欧洲新的管理层,且在战后以欧洲领导人的身份再次出现。只不过这些进步都被掩盖在这十年的黯淡外表之下。

对于 20 世纪 30 年代的西方,我们可以分两个方面进行描述。一方面,英法等国政府软弱无能,政治两极分化,无论是对经济萧条还是对国外事务都难以果断作出决策。另一方面,美国在国内事务上大胆革新,推行新政,扩大政府职能,但它在日益紧张的外交局势上无所作为,奉行国家孤立主义。正是英法等国的软弱无能、美国的无所作为才促成了德国纳粹主义为主的新右翼运动的兴起。

法西斯主义和纳粹主义

法西斯运动最初形成于 20 世纪 20 年代,以第一次世界大战之前针对现代社会的保守抨击为基础。虽然这些运动在西方核心国家盛行,但在某些方面,它们是公然反西方的。它们以忠诚于国家和单个领袖的名义反对个人主义。它们攻击议会,因为议会政治分立,且束缚了政府的积极性。它们还指责现代消费主义、现代艺术,以及女性角色的转变,主张回归或真实,或想象的世俗状态,让女性专注于相夫教子。由于残存民主力量的软弱回应,法西斯为西方带来了又一场世界大战,它还血腥屠杀了 600 万犹太人和许多其他民族的民众,造成了 20 世纪西方历史上的另一场灾难。

112

这些怎么会在西方文明中发生呢?撇开"20 世纪已经过去了"这种逃避现实的想法不谈,对于这一问题,我们可给出两种解释。第一个需要强调的是,虽然德国等法西斯国家在许多方面都融入了西方历史,并在从音乐到现代大学等各方面对西方社会生活作出了巨大贡献,但它们实际上不属于真正的西方国家。按照这一逻辑,纳粹主义源于德国,而不是西方。

学者们曾对德国"特殊道路"(Sonderweg)作了大量研究,试图解释这个社会误入歧途的原因。所有关于特殊道路的研究都直接越过了德国在 1918 年之后所处的特殊环境,而所有人都清楚,这种环境对催生纳粹主义发挥了关键作用:当德国政府仍使民众相信胜利在即时,德国战败了;军方高层让一个新成立的平民政府对和平协议负责,使其名声败坏,哪怕它与过去的战事完全无关;德国在 20 世纪 20 年代早期通货膨胀严重(政府对此应承担一些责任),储蓄财富的大幅缩水使中产阶级感到不安;和平协议剥夺了德国一块重要领土,并对德国军力进行了严格限制,这使得领导层和老兵们都深为不满,也使人们觉得战争的罪责都应归咎于德国,而且,它所要求的巨额赔款进一步破坏了德国经济;部分由于战争的影响,经济萧条给 1919 年之后的德国造成了异常沉重的打击。按照学者们对特殊道路的分析,这些环境条件没有一个可以解释为什么那么多德国人自觉地投入到一场可怕的政治运动之中(在 1932 年的自由竞选过程中,纳粹最高获得了选民 37% 的支持率),而后随着时间推移在政权越来越可怕时仍然在很大程度上保持沉默。

关于德国特殊历史道路有几个主要特征,我们可将这些特征与战时和战后的混乱局势综合起来考虑。在政治上,这个普鲁士国家一直有强权、强军的传统。德意志长期四分五裂,之后在 1864—1871 年间才通过战争获得统一。这一切使得德国相比欧洲其他国家有更强的民族主义观念（这种说法存有争议），而后它又与军国主义和强国观念联系在了一起。国家的强大削弱了中产阶级对自由主义的诉求，由于对统一兴奋不已，自由派接受了一个软弱的议会，并认可了包括由皇帝任命总理，以及限制出版自由等行为。第一次世界大战之后，魏玛共和国在德国建立了完全意义上的议会体制，但德国缺乏足够强大的自由主义传统，无法给这一体制充分支持。很晚才统一也使德国民众普遍感到，欧洲其他强国在许多方面没有给德国应有的地位，例如在推行海外霸权过程中。所以，当战后和平协议惩罚德国时，德国人的怨恨情绪比任何时候都强。综合而论，所有这一切使独裁主义在德国活跃起来，而一个承诺推行强势外交的军事化政治运动就异常有吸引力。

113

在文化上，一些学者指出，德国人——尤其是信奉路德教的德国人——对自由有独特见解，这使他们能够在一个独裁国家中感到自由。这一点同样是指德国无力的自由主义。

从社会角度来看，德国有一个被称为普鲁士容克的强大地主贵族阶级，他们想要的是一个能保持他们社会、经济地位的国家。虽然他们大部分都不是纳粹党徒，但他们接受纳粹主义，因为它承诺保障他们的贵族特权。在容克统治之下，农民没有太多自由，这使他们很快就支持承诺维护农民价值观、反对现代生活的国家主义运动（纳粹党极力宣扬农民服饰，以及诸如此类）。德国迅速实现了工业化，并创造了一个非常有实力的商人阶级，这些商人通常与容克沆瀣一气。总体来说，德国社会并未跟上德国经济发展的步伐。其结果是，除最为传统的农民之外，大量工匠和店主也憎恨现代经济形式，因为类似百货商店等现代经济产物使竞争加剧，对他们构成了威胁。纳粹主义投其所好，承诺恢复工人协会，只不过为迎合大财团，推动战争经济，纳粹党在很大程度上食言了。总之，甚至在第一次世界大战之前，纳粹主义就被看成一个有效解决社会系统压力的途径。相比法国和英国的社会，德国社会更缺乏弹性，而迅速的工业化进程则使社会更加混乱。

所以，德国不属于西方文明，也就是说，德国反西方的政治运动和政权都与西方文明无直接关系。虽然在纳粹主义问题上,西方国家仍需对它们的怯懦和迟钝负责,直到第二次世界大战爆发后,它们才出手,但至少纳粹主义被排斥在西方文明之外。关于特殊道路的分析也存在一些漏洞,例如,相比巴伐利亚等天主教地区,拥有强大政府和弱小农民的普鲁士不算是纳粹主义的温床,但许多德国和非德国历史学家耗费了大量精力,运用了许多历史方法投入到研究中去,以寻求一种特殊解释。

近年来,学者们对特殊道路的研究热度有所下降,因为现在德国已完全被视为西方国家,而解释纳粹主义及其暴行的任务并不紧迫(这里涉及一个重要因素,即历史思维总是易受当前形势的影响;最终结果可能是学者们已失去了对特殊道路应有的兴趣)。现在,许多学者都在研究德国与其邻邦历史的相似之处,如将其社会结构与法国社会结构进行比较,但这或许也意味着,纳粹主义并非如一些观察家所愿,反而与西方有更多关联。

在第一次世界大战之后,当纳粹主义和法西斯异常强大可怕之时,反犹运动在西方许多地区悄然兴起,尤其是在意大利(只不过兴起较晚)和法国。法西斯主义在法国未能取得最终成功,但其法西斯运动的支持者有时能达 200 万之众,德国在法国战败后强加给法国的战时政权也有法西斯成分。西班牙也建立了法西斯政权,只不过它部分借助了德国的力量。可以肯定的是,法西斯主义在英国、斯堪的纳维亚地区和包括美国在内的移民社会中势力很弱,这些地区的议会体制传统都非常强大。或许纳粹主义和法西斯主义本身就源于西方,而不单单只是德国偏离正轨。

至于这种可能性是如何产生的,我们或可提出一些依据。法西斯主义在许多方面都反对西方,但它也突出强调了西方的许多特征。最明显的是,它强调了专制主义已确立的强权国家,只是在原有的基础上更进了一步,这部分是因为,工业化进程和第一次世界大战使政府能够拥有比专制主义者所能想象的更大的权力。法西斯还强调了国家主义,而这是西方人的发明,它建立在“反闪族主义”的西方传统之上,在时间上可追溯到中世纪。法西斯所迷恋的军事效能和军事竞争和西方本身一样古老,几乎所有的法西斯运动都奉行着这一传统。所以,西方确实构成了纳粹主义和法西斯主义的一部分。

另外,法西斯主义的兴起还因为第一次世界大战的打击,以及对"工业化社会需要更有力的政府,以保护旧有价值观和社会群体"这一观点更广泛的共识。这里不再仅局限于德国。许多群体——军队、贵族,以及西班牙等地的教会——都希望用新手段不顾一切地保住他们的社会权力,而法西斯主义正合时宜。对共产主义的恐惧也对法西斯的兴起起到了一定的促进作用,在 20 世纪二三十年代,许多西方非法西斯党徒对共产主义也同样感到恐惧。

德国之所以走向极端是因为战争和战后的混乱,以及希特勒个人的邪恶才能,而不是因为德国不属于西方。其他地区也在朝类似的方向发展,对于纳粹主义和法西斯主义的兴起,西方脱不了干系。甚至在当时,一些细心的观察家就担心法西斯主义会在西方更广泛地传播,例如,美国小说家辛克莱·刘易斯(Sinclair Lewis)在其著作《不会发生在这里》(It Can't Happen Here)中就表达了这种担忧。甚至在第二次世界大战之后,对法西斯主义死灰复燃的担心还困扰着德国人、意大利人以及法国观察家和其他人。没有人会说法西斯主义是典型的西方特质,或是西方历史的自然产物,但它们之间的确存在一些超越我们认识的更多联系。换句话说,在极端环境下,西方孕育着它自己的敌人。过去 50 年中事态的发展极大地消除了人们对法西斯主义死灰复燃的担心,而我们应当铭记的不仅是这次运动,还有它与西方文明的联系,这是值得铭记于心的,因为只有铭记才能告诫西方人防范他们自己阴暗的一面。

战后的西方

115　　界定第二次世界大战之后的西方文明会更简单一些,且总体来说更令人愉快。部分由于法西斯主义者的暴行以及他们军队的战败,许多欧洲人开始从近期的历史中吸取教训,这促使他们一方面恢复西方价值观,例如恢复议会体制、保护个人自由,另一方面重新界定在两次大战之间促使西方没落的一些特征。基于民主的议会政体和保护人权的宪法,西方各国建立了许多大体类似的政治机构,而这是西方自封建时代以来绝无仅有的。

战后许多西方核心国家都经历了出人意料的复兴,同时它们也应对了海外殖民地的迅速丧失。英国、美国、荷兰、法国都接受了去殖民地化运动,只是法国的态度更为勉强——其间列强也有反悔,也有在一些地方进行恶意防卫。总体来说,西方无论是国家领导人还是平民都认为,国内稳定比不惜任何代价守卫殖民帝国更重要,而且守卫无论如何都会以失败告终,法国便是如此,先是在越南,后又在阿尔及利亚;葡萄牙在 20 世纪 70 年代也同样遭到了失败。

欧洲各国在之前的殖民地保持的强大经济和文化影响力缓和了去殖民地化运动的冲击,但实际上,这次运动仍是能令西方不知所措(实际上没有)的一次巨变。冷战也没有使西方脱离复兴的轨道。美国成为世界头号军事大国,夺去了西欧昔日的光彩,这是一个重要的转变。冷战的对手可能促进了西方的联合,以应对假设的共产主义威胁,它还刺激了马歇尔援助计划和欧洲初步的联合。

相比以前,西方文明在战后发生了三大变化。第一,随着德国、意大利确立了议会民主制,法国恢复了民主政府,西方的内涵因为各国奉行多党派民主(西方各国女性都获得了选举权,只有瑞士一直延至 20 世纪 70 年代才将选民范围扩大至女性),在很大程度上保护言论和宗教自由重新得到了界定。法西斯主义已经远去,只会在小政党的政治推动下偶尔出现。第二,西欧在经历了战后的一段痛苦时期后,很快实现了经济迅速增长。联邦德国 20 世纪 50 年代的经济奇迹使它重新回到了工业大国的行列之中。法国和意大利也有较快的经济增长。随着经济的繁荣,消费主义猛烈回归,包括对电冰箱、电视的消费,对汽车的购买,以及对越来越多的商业休闲的享受。相比两次大战之间的那段时期,战后社会局势在很大程度上得到了缓解。在经济腾飞的背景下,越来越多的女性开始踏入社会,参加工作,这是她们在西方社会中地位的又一次重要变化。与此同时,科学研究和现代艺术的革新仍在持续发展,它们也是极其重要的西方特质。

欧洲的第三大变化是在美国的帮助下发生的,从 20 世纪 50 年代开始,欧洲的民族主义和军国主义观念明显减弱。法国与德国的旧仇恨被正式一笔勾销。通过建立共同市场(即后来的欧盟),欧洲最终实现了跨国管

116

理与合作。虽然德国受到限制，但军事观念仍然存在。然而，民用预算增长迅速，尤其是在欧洲允诺去殖民地化和接受美国军事保护之后。在 20 世纪 80 年代，一位德国政治家宣称，西欧已成为第一个现代意义上的"公民社会"，在这样的社会里，军事目标已不再是衡量政治成就的重要指标。如果这一观念持续下去，那么它将是一次西方传统自我界定的重大改变。

当然，并不是所有事情都会朝着好的方向发展。经济有时也会踌躇不前。社会也会产生一些新的不满。20 世纪 70 年代的新一轮女权主义运动声称女性所获权利还远远不够。20 世纪 60 年代的年轻人对消费社会的枯燥乏味感到不安，只不过这种紧张气氛在 20 世纪 70 年代被消除了。环境保护主义和在多国兴起的绿色运动直指一系列迫在眉睫的问题。贫困问题仍然存在，尤其在移民群体当中（关于这一点，我们将会在下一章讨论）。西方国家被世界许多地区憎恨，它们被指滥用武力，干涉他国内政，这是全球化的另一面，我们将在之后讨论。甚至经济危机再次唤醒了人们对以前大萧条的记忆，如果事态严重，没人能保证类似的法西斯主义不会重现。

尽管如此，相比 1940 年的西方，在 2003 年，西方看起来明显更加健康，更能明确界定。

再谈地理

关于西方的复兴还涉及最后一个问题，即地理上的界限和联系问题，以使西方文明在欧洲内部扩散的区域更为明确。值得一提的是西班牙、葡萄牙、希腊的变化，它们在 20 世纪 70 年代转向了民主的议会政体，此外，它们还成为共同市场成员国，工业发展也更为迅速。南欧各国发展仍然低于欧洲平均水平，但它们的社会发生了变化，包括妇女状况和世俗文化等方面都朝着与西方相同的方向发展。由于英国人的殖民统治，爱尔兰与西方文明相距稍远，它对天主教的信奉异常狂热，也十分贫困，不过，它也开始具备越来越多的欧洲主要特征。芬兰的情况也是一样。总之，欧洲的边界与西方文明的界限正在重合。

在 21 世纪早期，由于苏维埃体系的解体，中东欧国家可能也进行着类似的进程。波兰、捷克、匈牙利、斯洛文尼亚、斯洛伐克及波罗的海诸国都转向了市场经济体制,并似乎也确立了多党派民主政体。而且,它们也在寻求加入欧盟(民主德国被直接并入联邦德国,这也是民主德国人民基于渴望更多政治自由、达到西方生活标准而西化的结果)。虽然中东欧国家仍然十分贫困,而且还存在其他结盟形式,但它们似乎越来越具备西方特质。巴尔干国家的情况相对来说不太明朗,塞尔维亚仍未从20世纪90年代的种族仇恨和内战后恢复过来,保加利亚和罗马尼亚也并未特别明确地推行多党派民主制,但它们进一步变化的可能性仍然存在。西方也可能会进一步扩张。俄罗斯与西方的新关系也是值得讨论的议题。

将美国和西欧纳入共同的西方文明产生了一些意想不到的新问题。西欧和美国在20世纪进一步融合在一起,尤其是在第二次世界大战之后。战争、经济变化最终毁灭了曾作为欧洲重要社会力量的贵族阶层。农民大幅减少,剩余的农民也转向了商品农业。欧洲农村没有美式农业综合经营模式,它与19世纪时的情况差别不大。持续的经济变化和消费增长减少了城市间的差别。虽然一些欧洲人感到了过度美国化,但这两个地区仍使用着许多共同的消费品。到20世纪80年代,25%的法国餐厅都是快餐厅,且很多都是美国连锁店,考虑到这个国家的美食声誉,每个人都会对此大跌眼镜。由于经济繁荣,政治极端势力也被削弱了。与此同时,社会主义政党仍然存在,只是它们改头换面,更多处于从属位置,与美国的一些民主党派类似。虽然美国改革法案弱化了种族隔阂,但随着西欧接受了更多有色人种移民,并认可了一些种族和公民权利,这两个地区种族隔离政策差异还是有所减少。到2000年,西欧和美国都有数量可观的有色人种群体,他们异常贫困,失业率也很高。

另一个融合的方面更涉及个人,即自20世纪50年代晚期以来,欧洲人抚养小孩变得更加柔性,不再像以前那么严厉和专制,这是一个重大转变,而这种转变,美国在20世纪20年代就已产生。相比欧洲人,美国人对青少年更加宽容,也更能接受青年人的消费文化,不过,两个地区在这方面的差异现在也在很大程度上减少了。

即便如此,西欧与美国也是有差别的,而且,一些差别还在不断扩大。

118

美国从来没有发展西欧在 20 世纪 50 年代建立的保护性福利国家模式,而且,在八九十年代,在保守派和温和派民主党的压力下,它还缩减了社会福利。美国致力于发展自由企业,这一点与英国相似,但与欧洲其他国家不同。欧洲人更倾向于缓和自由资本主义的影响。例如,在 20 世纪末,各地区贫富差距拉大,而这种情况在有着奢靡的超级富豪阶层的美国更为明显。两个地区更重要的差别体现在休闲态度上。欧洲人将不断增多的休闲机会视为他们新幸福生活的一部分,假期也迅速增多,许多人一年可享有四到六个星期的假期。而美国人不同,他们似乎更加陷入传统的、19 世纪的工作状态中,或由于大部分工人的实际工资未有上涨而被迫这么做。美国人也比欧洲人更注意伦理道德,这是他们更信仰宗教的一个体现。在 20 世纪 60 年代,两个地区在青少年性行为方面都发生了变革,都有更多、更年轻的人发生婚前性行为。但欧洲政府加强了出生控制政策,迅速降低了青少年怀孕率。美国人抵制这一举措,认为这种做法不道德,因而采用向节制计划注入资金的办法。其结果是,虽然节制行动取得了一定成功,但美国青少年怀孕率往往比西欧高。道德观念同样也能在两个地区的海滩上体现出来,欧洲女性喜爱赤裸上身进行日光浴,而美国女性会穿外衣。此外,两个地区还有另一个差别:欧洲在第二次世界大战之后正式放弃了死刑,而美国大部分州又恢复了死刑。

　　西欧与美国最大的差异体现在对军国主义和国家主义的态度上,不过双方的立场完全颠倒过来了。在冷战期间,甚至在 20 世纪 90 年代,美国军费开支一直在急剧增加,大大超过了欧洲所有国家军费开支的总和。随着美国抛弃"在和平年代不愿保持庞大常备力量"的传统,其军队的规模和影响力在迅速扩大。而正如我们所看到的,欧洲正朝着与美国相反的方向发展。其结果是,就力量而言,美国在军力和相应的国际影响力上压过了西欧;在非军事开支的资金投入上,例如在城市便利设施或社会福利(或者说是支持休假费用)的投入上,情况则完全相反。最终在外交政策争论中,由于担心美国的侵略性和单边主义,欧洲人并不那么急于付诸武力,而美国人经常对欧洲人的犹豫不决感到烦恼。美国的国家主义观念仍然非常浓烈,远不如跨国的新欧洲那样有所减弱。

在 2003 年, 当美国与英国对伊拉克开战时, 美国与西欧间的分歧达到顶峰, 至少短期内如此。许多其他欧洲国家也支持这一军事行动, 但法国、德国、比利时反对, 欧洲大众舆论都抨击美国人的好战, 甚至英国舆论也是如此。美国领导人又反过来哀叹欧洲的胆怯, 称他们是"老欧洲"。这是否意味着西方内部在全球目标上出现了新的分化?

正如我们已看到的, 关于跨大西洋西方文明的争论已不再新鲜。显然, 争论内容在 20 世纪晚期发生了变化, 对未来一致性的预期也不完全明朗。指标强烈地指向了两个方向。美国将自己视为西方文明的新领袖(这部分是因为有太多领导者接受了西方文明课程教育), 而位于欧洲的西方发源地并不一定认同"西方"现在所包含的区域。争论很难轻易解决, 但它的存在以及它暗示的未来方向仍然对预测西方文明在 21 世纪之初的地位至关重要——经过了 20 世纪之后, 许多文明都乐于去撼动这一地位。

延伸阅读

K. D. Bracher, *The German Dictatorship: The Origins, Structure and Effects of National Socialism* (New York: Praeger Praeger Publishers, 1970); Erich Fromm, *Escape from Freedom* (New York: Farrar & Rinehart, 1941); Walter Laqueur, *Fascism Past, Present and Future* (1996); Peter N. Sterns and Herridick Chapmen, *European Society in Upheaval: A Social History Since 1750* (London: Macmillan, 1992); Walter Laqueur, *Europe in Our Time: A History, 1945-1972* (New York: Viking, 1992)。

关于近年来学者对西方各国民主的比较, 见: Robert Dahl, *How Democratic is the American Constitution?* (New Haven: Yale University Press, 2001)。

第十二章

全球化中的西方

　　随着 21 世纪的来临,全球化进程加速成为世界史的重大事件,本章旨在讨论西方与全球化的关键问题,这意味着,我们将专注于过去 30 年的历史,或者说对 20 世纪作一些回顾与考察。全球化对于分析任何文明传统都提出了挑战:在同质化的全球化进程面前,文明的特质和独特习俗会消失吧? 正如我们对日本或印度所做的那样,我们也需要对西方提出这样的问题,因为它关系世界的未来,涉及单一文明能否或是否应该在前所未有的、世界性的、不断扩展的国际交流中幸存下来。对西方而言,当前的全球化模式引出了一些关于权力的问题,全球化也因此极大地反映出了西方的影响,那么如果西方衰落了,全球化进程又会发生什么变化呢,西方又会对此作出怎样的回应呢?

　　首先,我们需要作一个界定。全球化是地区间交流在速度、规模、范围上的扩展,并对社会和个人生活的许多方面造成了影响。这一术语出现于 20 世纪 90 年代,那时的互联网等技术为世界范围的联系与交流提供了变革性潜力。全球化尤其体现在经济联系上(包括它们的环境影响),表现为迅速的世界贸易增长、跨国企业广泛的活动、主要以国际化消费主义和媒体为媒介的文化交流。相比之下,政治全球化——建立正式的全球化机制,管理世界事务,并为全球化发展创造机遇——就较为滞后。

错误的开端

历史学家最近指出，第一轮全球化发生在 1900 年前后的几十年间。苏伊士运河和巴拿马运河的竣工促进了海运发展，同时，跨海电缆加速了世界范围的通讯联系。到 19 世纪 80 年代，许多印度农民根据芝加哥谷物交易市场行情确定收获时间。那时，各国对海运货物和人口跨国流动的法律限制还没有现在多。随着越来越多的地区引入英国人或美国人（不太常见）的运动项目，文化全球化也出现了。之后，到 20 世纪的第 20 年，好莱坞成为世界电影之都，占据着从中东到澳大利亚再到拉丁美洲国际市场上 65% 至 95% 的市场份额。

但第一轮全球化失败了。许多国家或全部或部分地脱离了全球化体系。美国虽然一直参与全球经济，但它奉行孤立主义。苏联脱离了世界经济，尤其是在斯大林时期，以促进“一国社会主义”建立，证明至少在一段时间内，一个大国可以通过自身的努力实现工业化。纳粹德国也减少了其参与全球经济的努力，并减少了其与全球文化的联系，以利于创建独立的纳粹文化和战争机器。日本试图主要通过军事征服构建它自己的“亚洲共荣”体系。后来，社会主义中国也有一段时间脱离了世界经济。

20 世纪中期到处都是第一轮全球化失败的标志。这里涉及两个相关原因。第一，全球化无法在世界大战和世界性经济萧条中幸存下来，这些事件使全球化受到了压制。第二，西方世界，尤其是西欧认为，我们现在所说的全球化可在西方的会议室、政府部门里被决策（帝国主义者的风范），无需全球广大地区的参与也能进行。想建一个国际邮政联盟（19 世纪 70 年代）？只需欧洲国家和美国进行讨论，这个对国际交流非常有用的体系可以进行运转了。想通过运动促进世界和谐，创建我们后来所称的奥林匹克运动会（19 世纪 90 年代）？同样，通过欧洲与美国的合作，它就建立起来了。这种浅识短见同样主导了第一次世界大战后国际联盟的建立，使之完全成为了欧洲国家俱乐部。如此，一些重要地区感到它们不是全球化进程的分子，尽快脱离全球化也就不足为奇了。这些尝试非常重要，且奥林匹克运动会等在第二次世界大战后留存下来，并扩展到更大的世界规模。

不过,更大的全球化进程却夭折了。

事实上,20世纪中期的重大事件要数西方在广大世界中力量的衰弱,哪怕西方内部出现了复兴迹象。这些权力是伴随着一些重大运动丧失的,去殖民地化运动就是其中之一。西方自15世纪以来通过不断扩张对世界重要地区进行的直接的政治统治开始走向终结,它在同一时期建立的军事优势也难以为继。由于游击战等战争新形式的出现,加之伊拉克等中等国家有足够的武力抵御简单的入侵,到20世纪下半期,仅凭200人就可以深入亚洲,甚至非洲,并通过武力压制当地人已是不可能的了。中国、印度等一些重要地区的国家力量甚至有更大改观。以美国为首的西方仍然保持着最强的军事势力,尤其是在苏联解体之后。到20世纪90年代,西方仍有绝对的空军优势。但军事上的优势只是相对的,凭借军事优势具备的自由行动能力在明显迅速减弱。这种衰落最充分体现在西欧身上,但即使是美国也不可能与英国在19世纪晚期所具备的力量相提并论(空军力量除外)。在经济领域,西方的情况要好一些,只是它们的世界地位需要与日本和太平洋沿岸地区共享。

全球化卷土重来

尽管有先前的失败,尽管发生了复杂的力量变化,在20世纪末,全球化进程仍然成为世界主流,而在大多数观察家看来,它仍然在很大程度上反映了西方的控制和影响。这是怎么回事呢?

这里涉及三方面的因素。第一,高经济增长率。西欧和太平洋沿岸地区经济增长尤为迅速,这两个地区大量参与了国际贸易,进而促使其他地区也参与进来,推行市场经济,而不是计划经济,这对全球化的顺利进行起到了关键作用。到20世纪70年代,许多拉丁美洲国家都减少了政府对经济的控制,以促进市场经济更自由的发展。例如,智利就顺利将水果、蔬菜投放到了北美市场。由于高新科技产业的兴起,美国经济在20世纪90年代迅速增长,这似乎进一步强化了参与国际经济的重要性。美国领导人也并不羞于倡导其他国家沿着美国道路走向繁荣。

第二，与西欧和太平洋沿岸地区因素几乎同样重要的是大型计划经济国家经济增长出现停滞。1978年，中国作出历史性决定：鼓励更自由的国内市场竞争，积极参与国际贸易，同时保留社会主义政治制度。这一决定最终收到成效，中国国民生产总值不久之后便以10%的年增长率迅速增长。在20世纪80年代中期，由于经济在缓慢增长中出现崩溃迹象，以及无力负担与美国军事竞赛时的军费开支，苏联在米哈伊尔·戈尔巴乔夫（Mikail Gorbachev）的领导下作出了类似的决定。之后，苏联经济开始逐渐朝市场化方向重组，迅速参与到国际经济中来。苏维埃集团的其他国家也改变了经济模式，它们转变的速度通常要比苏联这个大国更快。

　　第三，新一轮的技术革命。先是稠密的空中航线和通信卫星传输，后来又有了互联网。在卫星电视和计算机网络的冲击下，几乎没有哪个地区可以与世隔绝（只有朝鲜、缅甸等少数国家试图在新的大环境中保持孤立）。包括西方在内的一些已融入全球化进程中的地区会发现联系大大扩大了。各处跨国交流更是巩固了全球化进程。科学家和社会学家通过实际的会面来超越他们的文化界限。许多商务人士也是一样，他们通常都很热心地追求着同样的时尚。至于运动员，虽然运动竞技仍然提倡为国争光，但许多运动员认为运动本身才是最重要的，有不少运动员都跨越国界从一支队伍到另一支队伍中去。

　　20世纪晚期的全球化与之前发生的全球化不可同日而语，其国际贸易额比1900年增长了15倍。文化的相互渗透也极大加强，人们现在可以看到同一个世界范围播放的电视节目，美国的《海滩游侠》（Baywatch）有一段时间曾是世界上最受欢迎的节目。四分之一的人可能会自发地观看同一场体育比赛，比如足球世界杯。跨国集团也与早期的国际企业有所不同。在1900年，重要大公司的贸易遍布世界，其中一些公司可在某地设立分厂，以利用当地市场优势。但真正的跨国经营是将世界作为一个生产平台，在世界各地生产产品零部件，甚至可能跨越四大洲，以利用最低成本劳动力、最有利环境法律、当地原材料等优势。全球环境问题也是前所未有的严峻。在1900年，一个巴西农场主可能将橡胶树引到一个本没有橡胶树的地区，以利于国际出口，其结果是对当地生态造成侵蚀等破坏。在2000年，一个国际企业为增加牛肉产量可能会毁掉数千英亩的巴西热带雨林,这不仅会改变当地生态,还会对全球气候变化造成直接影响。同样对环境能够造成无界限影响的还有工业废气造成的酸雨。正如人们常说的那样,世界真的变小了。这种变化甚至也包括尚不明确的疾病可能在世界范围内加速传播,只是除了已迅速传播的艾滋病外,这些疾病更多只是威胁罢了。

西方的角色

124

　　相比一个世纪之前,西方在新一轮全球化进程中既有变化,也有继承。

　　变化是政治全球化的主流。虽然联合国安理会拥有否决权的五个常任理事国有三个都为西方国家,反映了西方的主导地位,但联合国作为一个整体完全扩展成了一个全球化组织。相应的,联合国发起的关于妇女、出生率、环境保护等问题的国际会议也带有全球化色彩。其他如国际奥委会等国际组织也褪去了大部分旧有的西方色彩。其结果是,投票结果可能违背西方的意志,这当然会招致一些反对之声,尤其是美国反对一个不再是其利用工具的联合国。

　　然而,政治全球化存在两个局限。第一,如上所述,政治全球化没有跟上其他方面全球化的步伐。例如,在许多观察家看来,对环境影响的控制远远不及环境退化的速度。许多国际协定都有赖于国家或跨国公司(实力比许多国家都强)的切实履行,但履行程度千差万别。第二,尽管国际组织结构发生了变化,但西方在政治全球化的一些方面仍保持着极大影响。西方的军事和经济实力使其在许多方面占尽先机。例如,我们很难想象一个控制或治理污染的国际决议可以不顾及西方和日本的意见,而这仅仅是因为它们控制着对环境进行任何补救措施所需的资金。这种不平衡在直接涉及经济的政治活动中表现更为明显。例如,负责提供开发贷款的世界银行和国际货币基金组织等机构都把持在西方和日本手中。每年,西方六个大国和日本(近年来还包括俄罗斯)都会齐聚一堂讨论全球经济政策。甚至对经济并非核心的问题,西方的意见似乎也有着特殊影响力。例如,联合国关于妇女的会议就在极大程度上反映了西方女权主义者的观点。之所以会形成这一趋势是因为西方自信地认为它的标准是最合适的,还因为西方媒体的力量,以及认为"许多地区在某些方面没有达到西方标准就是某种落后"的想法——这是一种国际尴尬。其进一步结果是,往往是国际协定达成之后(例如关于女性要求财产平等权利的协定),一些国家的国会拒绝履行,因为西方标准与当地标准相悖。显然,政治全球化的范围、西方在政治全球化中的地位、西方价值观在形成这种全球化政治中的作用等问题都远远没有解决。

在经济方面,全球化不再像 1900 年那样在很大程度上只是西方的游戏,但其领导者仍然是西方、日本和太平洋沿岸地区。仅一个日本就是全球第二大生产国,仅次于美国,对一个自然资源匮乏的小国来说,这是一种极大的成就。参与者的增加很有意义,但它对全球平等无济于事。绝大多数跨国公司都来自西方、日本和韩国。大部分核心新科技也都源于同一地区。例如,互联网产生于美国提升通信能力的军事研究中,后在 1990 年被一位在瑞典工作的英国人普及和更广泛地应用。其他地区现在成为经济全球化中活跃的配角,西方已不能像 1900 年那样完全主导全球化进程。印度的高新技术产业、中国出口的迅速增长、巴西作为钢铁和计算机的主要出口商、中东石油出产国在石油定价问题上的特殊权力等都缩小了全球经济支配者和被支配者间的差距。

然而,在 20 世纪最后的几十年,全球收入不平等问题却更加严重。中国庞大的出口量确实令人叹服,但它严重依赖低工资劳动力。参与经济全球化仍有可能带来更广泛的回报,但令人沮丧的是,许多情况报告(例如 2002 年的报告)都似乎与一个世纪以前的情况类似:尽管增加了对美国的出口,但土耳其、巴基斯坦、墨西哥等国纺织业小时工资正在降低;由于生产过剩、价格下降,安第斯山脉的香蕉生产工人因工资降低了 25% 而罢工;许多跨国公司离开墨西哥,迁往中国或越南,因为墨西哥的工资水平有所提高。西方不再是经济全球化的唯一受益者。南非和莱索托的低工资纺织企业和韩国一样是西式的,而在某些方面,西方企业被认为稍微公平一些,对员工比当地企业更慷慨。然而,全球化解开了总体收益之谜,在许多观察家看来,西方似乎在牟取暴利。

125

自 2000 年以来,在世界银行等机构代表大会上出现了一些抗议全球化的声音。西方国家工会成员担心来自低工资国家的竞争会使他们失去工作;环境保护主义者指出不断的工业生产导致了环境恶化;贫困国家的代表们担心全球化导致本国工资水平降低;许多抗议者都抗议全球贸易对区域文化特性造成了威胁。这些抗议毫无效果,而他们也不知道怎样才能成功抵制经济全球化,但可以肯定的是,不是所有人都会对经济全球化感到满意,而大部分的指责都会指向西方。

最后,相比经济全球化,文化全球化完全是更纯粹的西化。不过,也有一些国家和地区参与进来。日本传媒在文化全球化中取得了一些成功。世界上播放的许多动画片都来自日本。在 20 世纪 90 年代,一个杰出的伊朗女性一度出现在日本动画连续剧中。日本和中国台湾摇滚歌星在韩国和中国大陆大受欢迎。许多国家在一些重要运动领域达到国际领先水平,哪怕这些运动大部分都源于西方。2002 年世界杯四分之一决赛第一次包括了来自亚洲和非洲的球队;越来越多的国家获得奥运会金牌,尤其是大力进军国际体育界的中国。

但流行音乐、电视剧、电影都是来自西方。快餐也完全来自西方,尤其是美国——只是根据当地饮食习惯作些调整,例如在印度增加素食,或在日本改成照烧。世界各地越来越多的儿童玩具或直接照搬或间接模仿迪士尼产品和芭比娃娃这样的西方玩偶。西方节日也得到推广,例如土耳其穆斯林的圣诞节购物,又如墨西哥北部地区从美国引入万圣节"不给糖果就捣乱"习俗到当地一个神圣节日里。迪士尼主题公园等一些最昂贵的设施也来自西方,这些设施也只有富裕社会才消费得起(迪士尼主题公园在日本就很成功)。在全球青年文化的推动下,牛仔裤、成年女性露肤装也轻易突破了文化和经济障碍。甚至西方体型,尤其是对女性苗条身材的强调也随着更多传统媒体影响传入其他社会。西方旅游业另辟蹊径,度假胜地也展示出西方习俗,从马来西亚到加勒比海,赤裸上身晒日光浴都很盛行。

即便西方力量衰落,经济领导地位要与太平洋沿岸地区共享,但其流行文化,尤其是西方消费主义在全球范围内无与之竞争者。似乎当地文化突破区域影响的唯一方法就是接纳西方文化。日本摇滚歌星是这样;印度电影也是这样。孟买建立了一个类似好莱坞的电影基地,称为宝莱坞,它将印度主题与好莱坞的浮华结合起来,最终在 21 世纪早期在国际上取得一些成功。人们寻求去品牌专卖店购物,哪怕他们并不是特别喜欢,而这仅是因为这样显得更时尚。在香港,许多麦当劳的常客都声称他们并不在乎食物好坏,而只是想去那里逛逛,并吸引他人注意。

　　总而言之,相比以前,全球化并非一成不变,但观察家们几乎把全球化和西方化看成一个东西也情有可原。西方标准在人权、女权等领域有着极大影响力;西方经济在全球经济中也处于领先地位,而且这一地位由于日本 20 世纪 90 年代经济停滞而进一步得到了巩固;西方文化强调科学、世俗主义和消费主义,在文化全球化进程中处于实质垄断地位,这些形成了一种可怕的合力。

　　相应的,这种合力进一步引出了两个问题,即西方作为全球攻击目标的问题和全球西化使西方界限模糊不清的问题。

西方和世界

　　全球化的目标和同质化问题并不是全球化问题的终结。事实上,这两个问题能够被同时合理地提出就说明整个全球化进程是多么的复杂和不确定。

　　全球化引发了人们对地区特性、政府调控、经济成果等方面的担忧,这是无可厚非的。随着全球化的推进,许多地区都在强调它们的地区特性,包括西方内部的一些地区。苏格兰、布列塔尼(Britanny)和魁北克为谋求更大程度的自治和文化认同而发生了地区运动,还有一些运动转变成了暴力事件,如西班牙和法国的巴斯克(Basque)运动。苏维埃体系的崩溃促进东南欧部分地区和中亚强调地区特性的主张表现得更加活跃。这股动力很容易导向反对全球化以及作为全球化倡导者的西方。

　　自 20 世纪 70 年以来兴起的宗教激进主义也有类似的含义。它通常从城市贫困群体中吸收信徒,这些人或被经济全球化抛弃,或在经济全球化进程中遭到进一步剥削。正如在 1979 年伊朗革命中所表现的那样,它频繁针对受西方影响的消费社会的习俗,以及西方旅者和商人违背教义的行为。在通常情况下,区域内的西方元素是宗教领袖最直接攻击的焦点,印度的印度教激进主义就是这么认为的。但与此同时,它也能直接针对西方。在 2001 年,恐怖分子就攻击了作为西方资本主义和军事力量象征的世贸大厦和五角大楼,这一引人注目举动的爆发有着复杂的动机,对以色列的仇恨、抵制美国军事力量在波斯湾的存在、反感中东内部的世俗政权等都伴随着文化和经济全球化而来。但全球化进程仍然在强劲地向前推进着,没有迹象显示它会很快结束。

尽管帝国主义衰落了,但西方在全球化进程中的角色招致了世界广大地区对西方新的敌意。由于新的全球联系和现代化武器的灵活性,相比 1900 年,这些敌意能够更直接地影响西方本土。很少有西方人会认为全球化应当因此被叫停,但在对敌意进行恰当回应问题上,西方人内部存在分歧,尤其是在军事回应在多大程度上有效的问题上。针对西方或会拔高消费主义或女权等一些西方特征,但它也可能使西方更多地进行防卫,更少地容忍。

另一方面,或在一个更抽象的层面,一些分析者担心全球化过于成功,它会不断地磨灭一些能够界定某个文明的传统和特征,并通过这样使世界成为一个充满乐趣和多元化的大家庭。通常情况下,这种担心适用于独特性遭到西方文明威胁的非西方社会,但这一问题同样也可以直接导向西方本身:如果世界被西化了,那么西方特性还存在吗?正如我们所看到的,20 世纪 90 年代捍卫西方文明课程的行为就存在这样一种动机,即担心没有充分西化的移民移入西方,西方会不堪重负。

总体来说,人们对同质化的担心有些过分了。关于同质化,这里可以举出一些具体的例子加以说明。可以肯定的是,西化意味着包括西方在内的许多社会都有着相似的城市商业区,那里有着许多同样的消费品、品牌专卖店,以及同样的穿衣和打扮风格。大部分社会都有着大致相同的教育结构,致力于同样的科学训练,有着同样的科研能力,俨然是一个全球企业。许多社会都建立了同样的议会民主制框架,例如日本和印度就完全是同西方许多核心国家同样成功和持久的民主国家。最后,还有一些社会接受了同样的现代或"国际"艺术风格。相应的,与 100 年前西方刚接触的朝鲜半岛相比,现在再拿西方与韩国进行比较,并从中界定西方特质就不那么容易了。

　　但文明的意味也很难消失。例如,日本在许多方面的全球化和西化已有一个半世纪,但我们很难说它属于西方文明。它的议会民主体制独特;其国家和私营企业的重合也与西方不同;其很强的团队意识与西方的个人主义形成鲜明对比。当日本从美国引入智力问答娱乐节目形式时,它会精心设计增加使竞赛失败者感到羞耻的内容,这非常符合日本文化。尽管它与西方国家都采用了同样的游戏形式,但很难说它也是西方国家。日本的性别差异在总体上与西方存在更大区别。这些都不能说明日本落后,也不能说明日本与西方存在观念冲突,但日本的例子清楚地显示出,广泛借鉴西方最有可能的结果涉及传统、西方的形式(如智力问答)及一些传统元素的融合。这意味着,如以日本为比较对象,诸如个人主义等许多西方特征仍可被界定。

　　随着全球化的发展,许多社会的精英阶层能够轻易地出入西方社会,他们中的一些自称"双文化者",这一概念再恰当不过了。他们经常到访美国和西欧,而且他们通常有亲戚永久居住在那里。他们与西方流行文化保持着接触。相比现代西方教育,他们有时接受的教育保留了更多传统的西方元素。例如,受过教育的印度人可能比英国、美国与之地位相同的人读过更多莎士比亚的作品。但是,文化共享并没有必要认同文化。相比印度语,更常说英语,且与西方人相处甚欢的印度人同样乐于接受家庭包办婚姻,尽管这种婚姻能促进婚姻稳定,但它并不符合西方价值观。

　　随着时间的推移,文明的重合会进一步增加。界定西方文明特征可能需要更加的细心,而随着其他文明社会的融入,真正独特的文明特征(如提倡科学)数量也会减少,但有着独特优势和劣势的西方文明不太可能在全球西化的大潮中迅速消失。

西方的疑虑

　　最后还有一个方面需要说明。虽然迄今为止,西方在全球化进程的许多方面都占据着主导地位,但许多西方人对这一进程并不完全感到满意。这些人虽只包括因西方的环境承诺而受到最直接影响的人,以及因来自低工资地区的竞争而担心失去工作的人,但这些问题受到了更广泛关注。

　　在欧洲人看来,有两大问题十分突出。第一,"全球化看似美国化"威胁到了欧洲在全球化进程中的特性。这里是针对文化而言。总体来说,欧洲人在经济上做得很好,他们保持了其在全球经济中的份额,还经常在全球化进程中收购美国公司,如假日酒店(Holiday Inn)、汉堡王(Burger King)。但文化之争比较艰难,因为由于市场广阔、热衷于大众消费,美国在这一领域长期保持着优势。一个参与反全球化抗议活动的法国农民因攻击了麦当劳门店而世界闻名,在他看来,那是一种对法国特色的威胁。同样是在法国,年轻人的饮食习惯令人烦恼,这不仅是因为他们沉溺于快餐,还因为含糖苏打水的消费量以每年 4.5% 的速度上升,且这一罪魁祸首同样来自美国。

　　欧洲人关注的第二个问题涉及外来移民,这一问题伴随着全球化而来,在 21 世纪早期日趋严重。欧洲人希望在政策层面上淡化国家主义观念,强调他们的内部同质性,但他们发现,他们很难整合数量不断增加的外来移民,并很露骨地将这些移民中的许多人称为"外来工人"。很少有来自少数族裔的公民能够进入立法机关或成为电视上的公众人物。尽管随着人口老龄化加剧,欧洲可能需要更多额外劳动力,但 2002 年兴起的右翼情绪仍反映出人们不断增长的限制非西方移民的愿望。

　　欧洲人对这一问题的关注还特别涉及穆斯林问题,因为在外来移民中有大量穆斯林,他们如潮水般涌入西欧。欧洲人本来就对外来移民存在偏见,认为他们怪异、不讲卫生、存在犯罪隐患,而西方传统长期以来对伊斯兰教的畏惧则加重了欧洲人的偏见。全球化增加了西方与伊斯兰世界的交流,穆斯林明显对此感到不适,西方人也是一样。全球化不可避免地会与一个文明历史中根深蒂固的组成部分发生冲突。

　　虽然美国对恐怖主义的担心引发了一些新问题,但就其本身而言,它对全球移民浪潮的态度更为开放。当然,美国化不是问题。但全球化破坏国家主权的潜力触碰了一根敏感神经,这一神经在几十年前也因为孤立主义而受到震动。在异常强大的军事优势支持下,美国在 21 世纪头些年退出了从《渥太华禁雷公约》(限制与禁止杀伤人员地雷的国际公约)到《京都议定书》(为限制全球变暖而进行污染控制的国际协定)等一系列国际协定。在许多美国人看来,全球合作不能限制他们在世界范围内的行动自由。和欧洲人有所疑虑一样,美国人的疑虑尤其体现在一个国家希望与其他国家所达成的合作精神和灵活性。

21世纪的西方

　　如果要强调西方文明在 21 世纪之初的品质,许多西方人会将自启蒙运动以来历练而生的宽容品质放在很高的位置。事实上,尽管全球化引起了一些焦虑,但在全球化时代,许多西方人对其他文化从食物到艺术形式的成果持开放态度,并将它们纳入感兴趣和喜爱的范畴之内。随着西方文明被广泛模仿,这种真诚的恭维使许多西方人同样能感到他们许多独特制度和价值观的重要性。

　　未来总是充满着不确定性。不是所有权力地位相对衰落的后果都已成为现实,加之西方在全球化进程中的优势地位招致的一些新仇恨,这个文明在未来仍会遇到许多重大挑战。正如我们之前所说,当代美国迫切支持西方文明课程的风潮就表达出了这样一种愿望,即希望通过粉饰过去使人们在未来可能出现的新问题中找到慰藉。

　　年龄结构变化是另一个有趣的问题。由于普遍施行的出生率控制政策和人均寿命的增长,西方,尤其是西欧和日本正迅速步入人口老龄化,这是西方的另一个独特特征,它的老年人口在人口结构中的比重比以前任何社会的老年人口比重都大,也比大部分世界其他文明社会的老年人口比重大。只有时间可以解释这种变革如何与社会的其他方面相互作用,以及它如何影响西方在世界中的地位。

　　虽然西方文明比世界其他一些成功的文明年轻,但它还是经历了相当长时间的考验。它延续了文明早期的一些循环,包括选择性吸收了古典文化和保持了中世纪产生的一些文明特性。数世纪以来,它增加了一些独

131

特特性,也失去了一些。它挺过了 20 世纪上半期的一系列挑战,即便不够体面,但至少存在着复兴的可能性。它仍继续在世界中扮演着重要角色,哪怕它比其领导人有时所想的更自私和不确定。和其他伟大的世界文明一样,它仍将继往开来,步入新世纪。

延伸阅读

Theodore Von Laue, *The World Revolution of Westernization: The Twentieth Century in Global Perspective* (New York: Oxford University Press, 1987); Anthony Giddens, *Runaway World: How Globalization is Reshaping Our Lives* (New York: St. Martin's Press, 2000); Paul Kirkbridge, ed., *Globalization, The External Pressures* (Chichester: Wiley, 2001).

结 语：西方文明和西方文明课程

西方文明已成为一个变化中的概念。这些变化包括强调科学重要性、男女间独特的紧张关系等新特征，加之种族主义融入长期敌视外族的西方历史、几乎自我毁灭的 20 世纪早期历史，这些变化还包括了一些重大失败。在变化之中，包括近几十年复兴期在内的西方文明在某种程度上保持了连续性，这种连续性基于对中世纪的继续和对古典文化的选择性复兴，还基于保存西欧和中欧核心地理区域的一些东西。

本书认为，西方文明很少接受一个文明应当接受的考验，这一点我们经常被教育，且被教育得很好，不过，这种缺陷没有必要使西方文明科目和世界史科目的关系复杂化。它对西方文明详细的分析引出了一些新问题，并对工业革命等一些熟悉的主题进行了新的考察。显然，它考察了西方文明的年代问题，包括对起源问题的挑战。它倡导更谨慎地对待西方和世界其他地区几乎每一段时期的关系。最后，它提出了关于全球化时代文明的发展与未来的问题。

我们同样注意到了一种教育传统和公众事业的兴起，它侧重于将西方文明课程作为在充满变化和挑战的时代保留西方特性和价值观的载体。将西方特性和价值观依附于西方文明课程或许不能充分表达它们丰富的内涵，因为它们采用的是一种狭隘和赞美的方式。历史能够帮助我们了解我们周围的世界是如何出现的，但这要以我们平等对待成就和困境、优势和劣势为前提。将西方文明课程视为神圣博物馆并不能达此目的，而这也不是这门课程设置的初衷。

21 世纪的西方文明课程，以及所有的文明课程都应重新调整与更广阔

133   世界的关系。全球化为文明提供了新的学习和展示的机会,但它也提供了
挑战。就西方而言,这些挑战包括一系列传统和许多过去行为在力量平衡
发生变化的时代的重新调整,还涉及西方在不那么复杂的霸权时代(关于
这一说法的最新证据有些混杂,这不足为奇)之后适应新伙伴和竞争对手
的关键问题。认识其他社会对西方行为的记忆,以及了解其他传统帮助形
成西方经验的方式都是这一进程的一部分。许多社会致力于完全认同新
的国际关系,也有许多社会在不标新立异或妄称优越的情况下艰难地进行
自我界定,西方文明自然也会置身其中,至少我们希望如此。但西方文明
课程是一个狭隘且守旧的符咒,它使人们沉浸在过去或真实或虚幻的荣耀
之中,抵制对西方文明新的考察和批判,这将不利于工作的完成。

    相应地,就美国教育传统而言,我们完全有必要为西方文明课程构建
一个世界史背景。我们需要进行积极比较,认识到全球力量及其联系如何
构建了西方,而不是将西方置于孤立的荣耀之中,或把它看成世界事务中
的独立代表,就新课程和教学方案而言,这种挑战多么令人兴奋。

索 引

（索引后的页码为本书边码）

W

Y

译后记

  经过数月奋战,本书的翻译工作总算完成了。通译下来,译者感到这确实是一本好书,其巧妙的结构编排、独特的分析视角、简洁的行文风格都很值得称道,而作者在书中对西方文明一些问题的论述和探讨也常有新意,使人读起来兴趣盎然,这也使本来枯燥的翻译工作带有一丝甜意。

  本书所涉都是关于西方文明过去和现在的一些基础、核心的问题,只是被置于世界史背景下进行了重新考察。这就注定了本书广阔的视野:从古代到现代、从西方到东方,考察对象涵盖了政治、经济、军事、宗教、艺术、社会生活等各个方面。对于书中所提的这些问题,作者论述纵横交错、博大精深,分析鞭辟入里、不落窠臼。而且,作者在书中反复强调,这些问题中有很多都难有定论,值得更广泛的探讨,这也为读者预留了更多思考和想象的空间。总体来说,本书章节直切主题、文笔通俗易懂、内容引人入胜,对于初涉西方文明课程或世界史的人来说确实是一本不错的指导手册。同时,本书立意独到、分析深刻、方法精炼,对于意欲深入考察西方文明历程以及文明间关系的人来说,也是不错的参考。

  译者在翻译过程中尽量体会作者写作意境,力图准确、清晰表达作者原意。但作者意境深远,译者虽细心体会,每句译文必反复推敲,唯恐词不达意,但仍心怀忐忑,自认并非尽善尽美。由于译者能力有限,译文难免会有一些不当之处,敬请专家学者和广大读者批评指正,不胜感激。需要额外说明的是,对于书中出现的个别术语,译者基本采用约定俗成的译法,对于存有争议的中文译法,译者基本采用更常见的译法。

  本书最终能够翻译出版,最需要感谢的是我的导师上海师范大学陈恒教授，正是他向译者介绍了此书，且提供了原文，并将其纳入商务印书馆"专题文明史译丛"出版计划。译者在翻译期间，陈恒教授给予了多方关心和细心指导，并为促进本书的尽快出版在背后默默地做了大量工作，对此，译者深系于心，感激万分。此外，上海师范大学和商务印书馆（上海）有限公司也对本书的出版给予了必要的支持，在此表示感谢。

图书在版编目（CIP）数据

世界历史上的西方文明 /（美）斯特恩斯 著；李月译 .
—北京：商务印书馆，2014
（专题文明史译丛）
ISBN 978-7-100-10774-7

Ⅰ.①世… Ⅱ.①斯…②李… Ⅲ.①西方文化－文
化史－研究 Ⅳ.① K500.3

中国版本图书馆 CIP 数据核字（2014）第 234310 号

（专题文明史译丛）

世界历史上的西方文明

〔美〕彼得·N. 斯特恩斯（Peter N. Stearns）著
李 月 译

商 务 印 书 馆 出 版
（北京王府井大街36号 邮政编码 100710）
商 务 印 书 馆 发 行
山 东 临 沂 新 华 印 刷 物 流 集 团
有 限 责 任 公 司 印 刷
ISBN 978-7-100-10774-7

2015 年 1 月第 1 版　　　开本 640×960　1/16
2015 年 1 月第 1 次印刷　印张 10.5

定价：25. 00 元